DIANZI SHANGWULEI QIYE
ZHISHICHANQUAN BAOHU SHOUCE

# 电子商务类企业知识产权保护手册

咸阳市知识产权局　组织编写

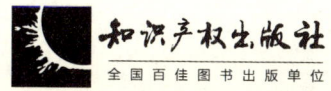
知识产权出版社
全国百佳图书出版单位

图书在版编目（CIP）数据

电子商务类企业知识产权保护手册/咸阳市知识产权局组织编写．—北京：知识产权出版社，2019.6

ISBN 978-7-5130-6220-6

Ⅰ.①电… Ⅱ.①咸… Ⅲ.①电子商务—知识产权保护—中国—手册 Ⅳ.①D923.4-62

中国版本图书馆CIP数据核字（2019）第075178号

责任编辑：刘 睿 刘 江　　责任校对：谷 洋
封面设计：SUN工作室　韩建文　责任印制：刘译文

## 电子商务类企业知识产权保护手册

咸阳市知识产权局　组织编写

| | |
|---|---|
| 出版发行：知识产权出版社 有限责任公司 | 网　　址：http://www.ipph.cn |
| 社　　址：北京市海淀区气象路50号院 | 邮　　编：100081 |
| 责编电话：010-82000860 转 8344 | 责编邮箱：liujiang@cnipr.com |
| 发行电话：010-82000860 转 8101/8102 | 发行传真：010-82000893/82005070/82000270 |
| 印　　刷：保定市中画美凯印刷有限公司 | 经　　销：各大网上书店、新华书店及相关专业书店 |
| 开　　本：720mm×960mm　1/16 | 印　　张：13 |
| 版　　次：2019年6月第一版 | 印　　次：2019年6月第一次印刷 |
| 字　　数：190千字 | 定　　价：56.00元 |
| ISBN 978-7-5130-6220-6 | |

出版权专有　侵权必究
如有印装质量问题，本社负责调换。

# 编委会

主　　　编　成　胤　杨丽萍
副　主　编　王　军　周大成
编　　　委　王美莉　张　战　胡小永　胡伊虹
　　　　　　成奕萱　伍艳梅　彭　莉　李　娅
　　　　　　李　清　康　立　张亚苗　王　茵
　　　　　　庞永俊

# 前　言

电子商务是全球的商业大产。随着互联网技术的应用和推广，中国电子商务正在迅猛发展，中国不仅是电子商务发展最早的国家，也是发展最快、市场规模最大的国家。国家统计局电子商务交易平台调查显示，2018年上半年，全国电子商务交易额为14.91万亿元，同比增长12.3%。电子商务正在以前所未有的速度和规模快速发展。电子商务经济快速发展的背后，知识产权问题越来越突出，涉及的知识产权事务也越来越繁杂，侵权现象越来越严重，侵权形式越来越多样化，形成线下、线上一体化。

2015年国务院印发的《关于大力发展电子商务 加快培育经济新动力的意见》明确提出"加强电子商务领域知识产权保护，研究进一步加大网络方法领域发明专利保护力度"等知识产权保护推进措施；《国务院关于新形势下加快知识产权强国建设的若干意见》中多次提到"加强互联网、电子商务等领域知识产权保护规则研究"，"加大展会、电子商务领域知识产权执法力度"，"促进互联网+知识产权融合发展"。两个《意见》要求各部门、各级政府从不同层面共同探索和推动电商领域的知识产权保护。2018年8月31日《中华人民共和国电子商务法》正式颁布，自2019年1月1日起施行。该部法律重点在于维护电子商务领域各方合法权益、规范电子商务市场秩序，把支持和促进电子商务持续健康发展摆在首位。

如何妥善解决电子商务类企业发展过程中的知识产权问题，将成为影响电商发展的制约性因素。广大电子商务企业在经营过程中亟须对自身知识产权进行保护，对销售的知识产权产品进行识别，对遇到的知识产权投诉和侵权事宜进行迅速应对和处理。

　　本书结合电商企业特点，从操作实务层面，让电商企业了解每一种知识产权基本类型、要求、具体操作流程，帮助电商企业从源头上树立知识产权意识，尊重知识产权，保护知识产权，不滥用知识产权，不侵犯他人知识产权，共同维护自由竞争的商业环境。

# 目　　录

## 商　标　篇

**第一章　商标国内注册** ································ (3)
　一、商标选定或设计 ································· (3)
　二、商标查询 ········································ (5)
　三、商标申请 ········································ (9)
　四、商标驳回复审 ··································· (15)
　五、商标异议 ······································· (16)
　六、核准注册 ······································· (17)
　七、商标监控 ······································· (17)
　八、商标维护 ······································· (19)

**第二章　商标国际注册** ······························· (23)
　一、马德里商标国际注册 ····························· (23)
　二、欧洲共同体商标注册 ····························· (26)
　三、非洲知识产权成员国商标注册 ····················· (26)
　四、三种国际注册方式的优缺点 ······················· (27)
　五、单一国家注册的流程及实务 ······················· (29)

**第三章　地理标志与商标** ····························· (34)
　一、证明商标 ······································· (34)
　二、集体商标 ······································· (34)
　三、办理流程 ······································· (35)

四、申请材料 …………………………………………… (36)

**第四章　商标诉讼** ………………………………………… (40)
　　一、商标确权诉讼 ……………………………………… (40)
　　二、商标合同诉讼 ……………………………………… (46)
　　三、商标侵权诉讼 ……………………………………… (49)
　　四、商标行政诉讼 ……………………………………… (55)

# 专　利　篇

**第五章　专利申请** ………………………………………… (61)
　　一、国内专利申请 ……………………………………… (61)
　　二、专利国际申请 ……………………………………… (69)
　　三、有关商业模式申请专利的建议 …………………… (74)

**第六章　专利权的转让与实施许可** ……………………… (77)
　　一、专利权的转让 ……………………………………… (77)
　　二、专利实施许可 ……………………………………… (79)

**第七章　专利诉讼** ………………………………………… (81)
　　一、专利诉讼概述 ……………………………………… (81)
　　二、专利确权诉讼 ……………………………………… (84)
　　三、专利侵权诉讼 ……………………………………… (87)
　　四、专利行政诉讼 ……………………………………… (98)

**第八章　收到电商投诉后的处理办法** …………………… (105)
　　一、了解投诉方知识产权情况 ………………………… (106)
　　二、发起反通知操作步骤 ……………………………… (107)
　　三、发起反通知 ………………………………………… (108)

# 著作权篇

## 第九章　著作权相关概念 ……………………………………（113）
　一、基本定义 ………………………………………………（113）
　二、有关规定 ………………………………………………（115）

## 第十章　作品著作权登记 ……………………………………（119）
　一、作品著作权登记的申请 ………………………………（119）
　二、作品著作权登记的撤销 ………………………………（122）
　三、作品著作权申请撤回登记 ……………………………（123）
　四、补发或换发登记证书 …………………………………（123）
　五、作品著作权查询 ………………………………………（124）
　六、作品著作权合同备案 …………………………………（124）
　七、作品著作权质权登记 …………………………………（126）
　八、网页著作权登记申请 …………………………………（128）

## 第十一章　软件著作权登记 …………………………………（130）
　一、软件著作权登记申请 …………………………………（130）
　二、变更及补充申请 ………………………………………（132）
　三、软件著作权查询 ………………………………………（134）
　四、转让或专有许可合同登记 ……………………………（135）
　五、软件著作权质权登记 …………………………………（136）
　六、补发或换发软件登记证书申请 ………………………（139）
　七、封存保管软件鉴别材料申请 …………………………（140）
　八、撤销软件著作权 ………………………………………（141）
　九、撤回计算机软件登记 …………………………………（142）
　十、撤销或放弃计算机软件登记 …………………………（142）

## 第十二章　著作权相关权利登记 ……………………………（144）
　一、著作权有关规定 ………………………………………（144）

二、可以登记的权利 ……………………………………………（144）

# 商业秘密篇

## 第十三章　商业秘密保护 …………………………………（149）
一、保护商业秘密不泄露的途径 ………………………………（149）
二、商业秘密侵权及应对措施 …………………………………（160）

# 域　名　篇

## 第十四章　域名登记及流程 ………………………………（165）
一、登记的准备 …………………………………………………（165）
二、域名命名 ……………………………………………………（165）
三、域名注册网站 ………………………………………………（167）
四、域名注册 ……………………………………………………（167）
五、Whois 查询 …………………………………………………（167）
六、DNS 解析 ……………………………………………………（168）
七、域名证书 ……………………………………………………（168）
八、续费 …………………………………………………………（169）

## 第十五章　域名日常维护 …………………………………（170）
一、选择合适的域名注册商 ……………………………………（170）
二、合理使用验证工具 …………………………………………（170）
三、注册时填写真实信息 ………………………………………（171）
四、保障相关域名账号密码安全 ………………………………（171）
五、及时保留有效域名信息 ……………………………………（171）
六、建议通过权威中介进行域名交易过户 ……………………（171）

## 第十六章　域名的纠纷处理 ………………………………（172）
一、域名纠纷的类型 ……………………………………………（172）

二、域名纠纷解决方式 …………………………………… (173)

# 知识产权海关备案篇

## 第十七章 知识产权海关保护概述 …………………………… (179)
一、被动保护 ……………………………………………… (179)
二、主动保护 ……………………………………………… (180)

## 第十八章 知识产权海关备案申请流程及所需材料 ………… (181)
一、申请流程 ……………………………………………… (181)
二、所需材料 ……………………………………………… (181)

## 第十九章 海关审核程序及备案后事宜 ……………………… (182)
一、审核时限 ……………………………………………… (182)
二、操作流程 ……………………………………………… (183)
三、备案后的注意事项 …………………………………… (184)
四、备案后的纠纷处理 …………………………………… (185)

# 附录 知识产权诉讼案例

附录一 商标诉讼案例 ……………………………………… (189)
附录二 专利诉讼案例 ……………………………………… (190)
附录三 著作权诉讼案例 …………………………………… (191)
附录四 其他诉讼案例 ……………………………………… (192)
后记 …………………………………………………………… (193)

# 商标篇

电子商务领域涉及的商标内容主要有电商企业自身商标的保护、销售过程中对他人商标标识的识别和商标权的确认、自营商品商标权的保护、跨境销售时商标的国际注册、商标注册后的维护和监控、商标品牌的培育和打造，以及遇到商标投诉时的应对措施。

# 第一章 商标国内注册

商标是区分商品或服务来源的商业标记，是品牌的法律载体，也就是通常所说的"牌子"。商标可以是文字、图形、字母、数字、声音、三维标志、颜色及其随意组合；商标注册是对自我品牌、商品、服务的一种法律保护手段，建立在商标权利基础上的品牌，能有效防止品牌被他人恶意盗用、侵权等行为；独特的商品外形或颜色、公司字号、公司标识、个人姓名、肖像等，都可以成为注册商标。商标按照是否注册分为注册商标和未注册商标。我国《商标法》第4条规定："自然人、法人或者其他组织对其生产、制造、加工、拣选或者经销的商品，需要取得商标专用权的，应当向商标局申请商品商标注册。"未注册商标处于无法定权利保障的状态，随时可能因他人相同或近似商标的核准注册而存在被禁止使用的风险。商标通常只有核准注册后才能享有独占使用权，获得法律保护。另外，商标作为知识产权的一种，具有地域性，在哪一个地区申请的商标，只在该国家/地区获得保护，如果想在其他区域获得保护，需要另行注册。

一件商标顺利获准注册，需要经历以下几个步骤：商标选定或设计→商标查询→注册申请→获得受理通知书→初审公告（进入公告期）→核准注册→获得商标注册证。

## 一、商标选定或设计

商标的产生通常是通过各种渠道或方式进行征集、选定，图形商标通常需要经过设计和美化，进而形成商标文字或图形。商标的选定或设计可以由申请人自行完成，也可以委托他人完成。如果委托他人设计，需要注意的是：委托人应与设计人员（单位）约定作品著作权归属。按照我国著作权法的规定，委托作品的著作权有约定的，按照约定；没有约定或者约定不清楚的，归完成人所有。所以，为了防止后续商标注册和使用过程中产生著作权纠纷，应对著作权的归属进行约定。

在选定和设计过程中，建议同时进行商标查询，发现有在先近似商标可能阻碍拟注商标核准注册的，应及时更换或修改拟注册商标，防止商标选定或设计完成后，再重新选定或设计；如不进行商标查询，尽管标样可能符合申请人对内容的要求，但在后续的注册环节可能因与他人在先商标近似等原因无法获准注册，浪费时间和金钱。

另外，在商标选定和设计过程中，要注意避免出现以下问题。《商标法》第10条规定：

下列标志不得作为商标使用：

1. 同中华人民共和国的国家名称、国旗、国徽、国歌、军旗、军徽、军歌、勋章等相同或者近似的，以及同中央国家机关的名称、标志、所在地特定地点的名称或者标志性建筑物的名称、图形相同的；

2. 同外国的国家名称、国旗、国徽、军旗等相同或者近似的，但经该国政府同意的除外；

3. 同政府间国际组织的名称、旗帜、徽记等相同或者近似的，但经该组织同意或者不易误导公众的除外；

4. 与表明实施控制、予以保证的官方标志、检验印记相同或者近似的，但经授权的除外；

5. 同"红十字"、"红新月"的名称、标志相同或者近似的；

6. 带有民族歧视性的；

7. 带有欺骗性，容易使公众对商品的质量等特点或者产地产生误认的；

8. 有害于社会主义道德风尚或者有其他不良影响的。

县级以上行政区划的地名或者公众知晓的外国地名，不得作为商标。但是，地名具有其他含义或者作为集体商标、证明商标组成部分的除外；已经注册的使用地名的商标继续有效。

《商标法》第11条规定：

下列标志不得作为商标注册：
1. 仅有本商品的通用名称、图形、型号的；
2. 仅直接表示商品的质量、主要原料、功能、用途、重量、数量及其他特点的；
3. 其他缺乏显著特征的。

前款所列标志经过使用取得显著特征，并便于识别的，可以作为商标注册。

## 二、商标查询

商标查询是指根据《类似商品和服务区分表》在商标数据库中将拟注册商标与现有注册商标进行查询和对比，判断商标是否与现有注册商标构成近似，对注册的前景进行判断的活动。通过商标查询，给予申请人决定是否提出商标注册申请的参考。

如果商标注册申请被驳回，申请人一方面损失商标注册费，另一方面重新申请注册商标需要时间，而且再次申请能否被核准注册仍然处于未知状态。因此，申请人在申请注册商标之前最好进行商标查询，了解在先权利情况，根据查询结果作出判断后再提交申请书。

通常情况下，查询类别要尽可能将产品或服务可能涉及的商品或服务类别和项目纳入进来，比如电子商务类企业涉及的类别除了具体销售的产品类别以外，可能涉及的类别还有以下内容：

第九类：计算机软件（已录制）；已录制的计算机程序（程序）；读出器（数据处理设备）；计算机程序（可下载软件）；电子出版物（可下载）；智能卡（集成电路卡）；照相机（摄影）；数据处理设备；计算机周边设备等。

第三十五类：广告；数据通讯网络上的在线广告；商业管理辅助；商业评估；为消费者提供商业信息和建议（消费者建议机构）；替他人推销；商业调查；计算机数据库信息分类；会计；寻找赞助等。

第三十八类：信息传送；新闻社；计算机辅助信息和图像传送；电子邮件；电子公告牌服务（通讯服务）；移动电话通讯；计算机终端通讯；提供互联网聊天室；为电话购物提供电讯渠道；远程。

第四十一类：培训；组织教育或娱乐竞赛；安排和组织大会；电视文娱节目；提供在线电子出版物（非下载的）；节目制作；娱乐；（在计算机网络上）提供在线游戏；俱乐部服务（娱乐或教育）；经营彩票。

第四十二类：研究与开发（替他人）；计算机程序和数据的数据转换（非有形转换）；替他人创建和维护网站；质量控制；恢复计算机数据；计算机系统分析；计算机编程；计算机系统设计；计算机病毒的防护服务；提供互联网搜索引擎。

需要说明的是，2017年9月11日生效的天猫2017年度卖场型旗舰店入驻资质明确提出，"开设卖场型旗舰店需提供35类服务类型商标，需包含3503类似群"。这对不重视服务商标的电子商务类企业敲响了警钟，如果不及时注册，很可能对以后的网上销售产生障碍，无法进行正常销售。所以，在商标注册之前，一定要反复核对，全面细致选择好涉及的相关类别和商品服务项目，防止出现漏选现象。

确定类别以后，登录国家知识产权局商标局官方网站http：//sbj.saic.gov.cn/进行查询，查询通过以后方可进行注册申请。

需要说明的是,商标数据库是有盲区的,从提交到公开,需要 3~6 个月,这一期间的申请从公开渠道是查询不到的,申请人申请注册后,需要公开使用前,最好在 3~6 个月内再进行跟踪查询。

关于查询方法,登录国家知识产权局商标局官网进入图 1-1 所示页面,点击"商标查询"按钮(见图 1-2),在弹出页面中点击"我接受"按钮;在弹出页面中点击"商标近似查询"按钮(见图 1-3);点击"选择查询"(见图 1-4),在弹出页面中填写好类别、查询类型及商标名称,点击"查询"即可获得查询结果。

图 1-1　国家知识产权局商标局官网

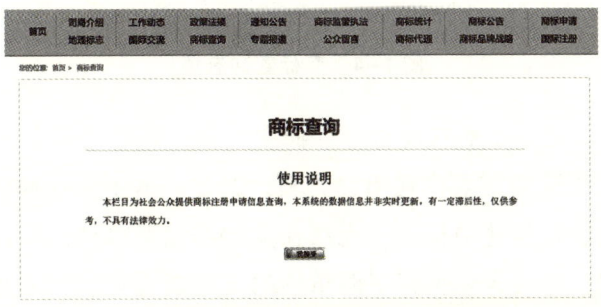

图 1-2　国家知识产权局商标局"商标查询"

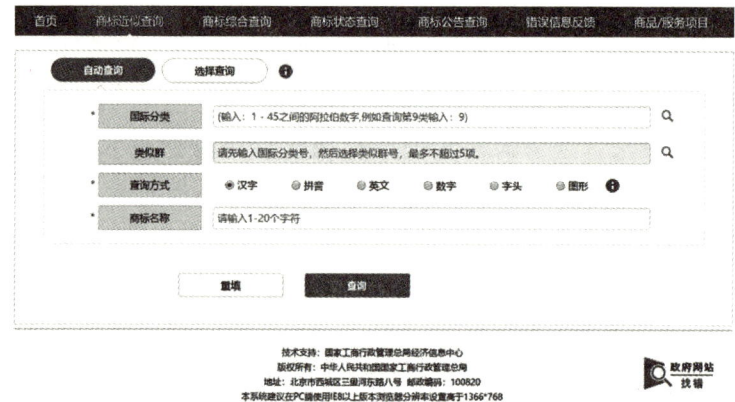

图 1-3　商标近似查询

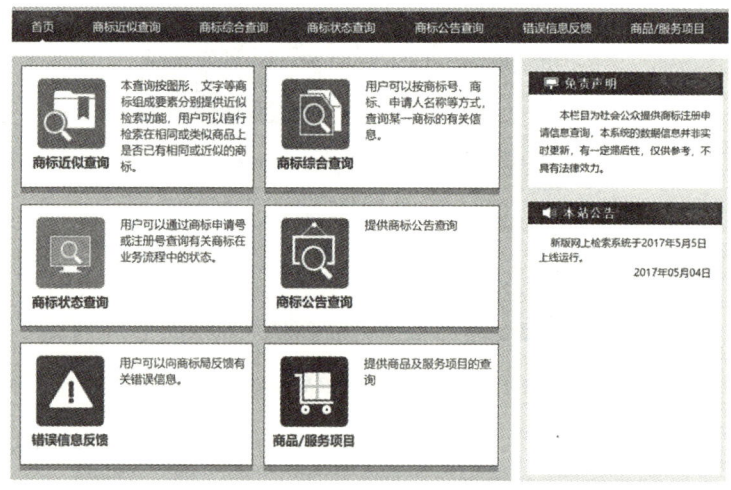

图 1-4　商标查询选项

需要注意的是，虽然在此查询界面中点击"国际分类"右侧的查询按钮，可以通过关键词搜索找到相关类别，但是，由于商标局网站的这一查询功能仅能在类别描述中检索，无法在类似群以及具体的商品或服务名称中检索，所以，建议企业另行下载单独的《尼斯分类表》文档确定准确的类别后再通过商标局网站查询。

## 三、商标申请

### (一) 商标申请策略

1. 商标及时申请策略

企业成立之初,即应当考虑申请注册商标,至少企业的商品还没有进行宣传和销售的时候,要先进行商标注册。因为注册商标的审查需要一定的审查周期,2014年5月1日正式实施的《商标法》首次将商标审查的时限规定为9个月,初步审定公告后还需3个月的异议期,因此,目前商标审查期限通常需要至少12个月,如果遇到异议、驳回等情形,周期会更长。

如果等到产品已经研制成功或者已经上市销售才申请注册商标,则商标审查的不确定性会给商标的提前使用带来风险。在没有获知审查结果时就投入使用,一旦商标被异议或驳回,将使企业陷入是否更换商标的两难境地,如果商标异议答辩或驳回复审失败,企业将面临更换商标,这意味着企业决策失误,同时将产生不可估量的损失。因此,建议至少在产品上市(使用商标)之前1年启动商标注册申请。

我国《商标法》第4条规定:"自然人、法人或者其他组织对其生产、制造、加工、拣选或者经销的商品,需要取得商标专用权的,应当向商标局申请商品商标注册。"未注册商标始终处于无权利保障状态,随时可能因他人相同或近似商标的核准注册而被禁止使用。

2. 商标拆分注册策略

商标如果是由文字、图案、字母、英文或数字全部或部分组合而成的,申请商标注册时,组合商标审查的原则是"分开审查",即部分近似、整体驳回,有可能因为商标的部分内容与他人近似或涉及禁用条款而导致整个商标被驳回的情况。因此,鼓励申请人在申请商标时,将文字、图案、数字、字母或英文分开申请,这样申请有如下好处:(1)如果查询到英文商标注册可能因近似而驳回,则可针对该英文商标注册两个或多个备用商标,待获知审查结果后,选择被核准的英文商标与其他商标组合使用,以保证在需要使用时有商标可用;(2)分开注册后,使用过程中可以单独使用,也可以组合使用,使用方式灵活;(3)在日后遇到商标纠纷维权时,商标近似情况的判定对权利人更加有利。

3. 商标类别选定策略

商标注册要适当选择注册的范围,即选择适当的类别。通常注册商标类别的选定应根据企业发展规划而确定,决策者应清楚企业当前业务所涉及的领域,并尽可能考虑清楚未来发展方向或产品进入的具体领域,进而从《尼斯分类表》中选择确定主要类别和相关类别。通常建议,企业除了选择当前业务所涉及的领域作为主要类别外,还应选择企业未来发展方向或产品可能进入的具体领域作为相关类别。如果只注册主要类别,企业在未来多元化发展中就可能会因商标注册类别的限制而受到阻碍。所以,商标注册类别的选定应当以企业发展战略为基础,体现决策者把握企业发展整体脉络的战略眼光。

4. 防御商标注册策略

防御商标是指同一个商标所有人为了避免某一商标显著性降低,而在相同或类似商品上注册的与该商标相近似而不一定使用的商标。其包括文字近似和图形近似,这些与该商标近似的商标称为防御商标。注册防御商标的目的是防止他人注册及使用,从而更有效地保护主要商标的显著性。例如:"老干妈"公司注册的"老干娘""老干爸""老干爹""老姨妈"等商标,这些商标均可起到防御商标的作用。

5. 商标分级注册策略

商标可分为主商标、副商标和子商标。主商标是指在企业商业活动中或各类产品上体现企业形象的商标,通常为企业 Logo 或者企业字号;副商标是指在系列产品上使用的商标,通常为与子公司字号有关的商标;子商标是指具体产品使用的商标或者产品的商品名。企业商标分级注册的作用是,主商标用来建立企业的主品牌,打造企业的美誉度;副商标用来满足企业多个业务板块发展和延伸过程中的商标使用需求；子商标用来体现具体产品或服务区别于其他产品；多个具有感官关联的子商标构成众多产品的商标体系，三个层级的商标相得益彰，同时使用时，建议突出主商标和子商标，使相关公众记住主商标旗下的某个子商标，提升企业主商标的美誉度和子商标的知名度。例如，"阿里巴巴"主商标旗下既有"天猫""淘宝"副商标，又有"双十一""双十一狂欢节"等子商标；"修正"集团主商标旗下，具有睿迪、睿盈等孕童保健品等子商标，以及斯达舒、唯达舒等胃肠药品等子商标。

根据商标分级策略，可通过商标设计，使副商标、子商标与主商标具有关联性，这种策略的好处是通过副商标和子商标的宣传和使用可起到提高主商标知名度的作用；还可以通过商标设计使副商标、子商标与主商标的关联性减小，这种策略的好处是分散风险，利用副商标与主商标的关联性和独立性，在充分享受主商标已有的市场认知度和信任度的同时又不至于因一个商标的经营出现问题而殃及公司声誉。

6. 商标国际化策略

电子商务类企业涉及线上销售较多，互联网销售没有国界，因此，选择商标注册要素时，除中文、图形、拼音、数字外，建议通过设计与这些要素对应的易读好记的英文商标，为产品/服务在世界范围内推广打下战略基础。同时，在企业 VI（视觉识别系统）设计风格下设计的中英文商标配合使用具有好处，在中国使用可以体现产品/服务的国际化思想，在外国使用可以体现产品/服务来自中国，向国外消费者展现中国企业形象。

此外，除了对以上内容进行商标保护外，还应对企业的域名、商号、产品的别名（非通用名称）、有显著性的广告语，甚至有些公司有代表性人物的姓名、肖像等进行保护，防止被他人使用后构成混淆。

### （二）商标注册申请

提交商标注册申请，目前有两种途径。

一种是申请人自行申请，另一种是委托具有商标代理资格的机构代理申请。

1. 自行申请

（1）直接去国家商标局申请。

国家商标局位于北京市西城区茶马南街1号，申请人携带填写完整并打印好的商标注册申请书盖章或签字（见图1-5），可以在商标局大厅受理窗口直接递交。

### 商标注册申请书

申请人名称（中文）：

（英文）：

申请人国籍/地区：

申请人地址（中文）：

（英文）：

邮政编码：

联系人：

电话：

代理机构名称：

外国申请人的国内接收人：

国内接收人地址：

邮政编码：

商标申请声明：□集体商标　　　□证明商标

　　　　　　　□以三维标志申请商标注册

　　　　　　　□以颜色组合申请商标注册

　　　　　　　□以声音标志申请商标注册

　　　　　　　□两个以上申请人共同申请注册同一商标

要求优先权声明：□基于第一次申请的优先权 □基于展会的优先权 □优先权证明文件后补

申请/展出国家/地区：

申请/展出日期：

申请号：

申请人章戳（签字）：　　　　　代理机构章戳：

　　　　　　　　　　　　　　　代理人签字：

注：请按说明填写

图1-5　商标注册申请书（正面）

申请书中申请人名称、地址、联系人、联系方式明确，单位申请的，必须与执照内容一致。

商标图样粘贴或打印在背面，商标图样大小、尺寸等符合要求。

商标申请费，每件每类300元。

申请人主体资格证明文件复印件盖章或签字。

（2）自行网上申请。

（3）自行去国家知识产权局设立的商标受理窗口申请。

截至2017年10月，国家知识产权局商标局在全国各地设立105个受理窗口，详细情况，可以登录国家知识产权局商标局网站查询或电话咨询。

通过受理窗口办理商标注册的流程、所需资料等与在国家商标局受理大厅办理是一样的。更多的受理窗口还在持续开放中，注册时请及时查询和关注。

2. 委托在国家商标局备案的代理机构申请注册

申请注册商标是一项非常复杂和专业的工作，申请人没有相当的经验，很难独立完成注册工作，因此，建议最好选择具有良好口碑、专业水平的代理人代为办理。

委托代理机构办理应当签订委托代理协议，明确委托事项、费用标准、权利义务、违约责任等事项，防止代理过程中出现纠纷无法解决。商标代理的费用通常按照类别收取，每件商标每个类别（一标一类）的注册代理费通常在800~1500元。

除了缴纳费用以外，申请人还需要向代理机构提供以下资料：

（1）清晰的商标图样（见图1-6）；

（2）商品或服务项目名称；

（3）联系人联系方式；

（4）盖章或签字的委托书（见图1-7）；

（5）盖章或签字的主体资格证明文件复印件。

申请完成后需要向商标局缴纳费用，可以面交或电子汇款，汇款信息

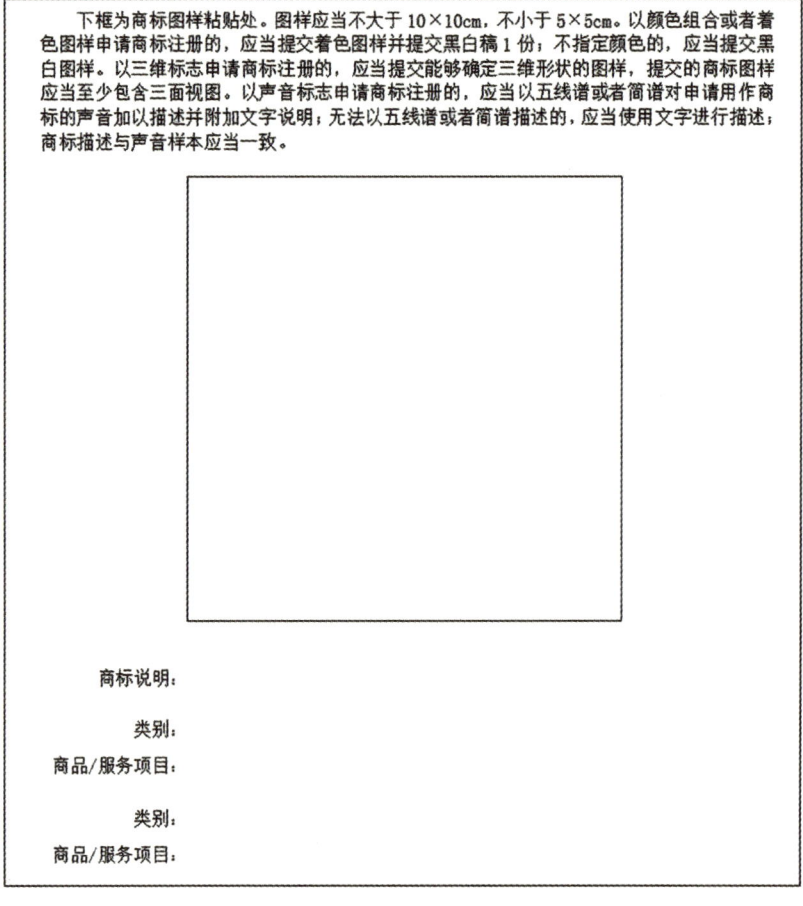

图 1-6　商标注册申请书（反面）

如下。

收款人：中华人民共和国国家工商行政管理总局商标局

开户银行：中信银行北京富力支行

账号：7111410182600018867

汇款用途：商标申请费

需注意的是，汇款人名称必须与申请人相同。

代理机构接受委托后，资料齐备，费用足额的情况下，通常3个工作日内以电子方式提交或以纸件邮寄方式将商标申请提交到国家商标局。

## 商标代理委托书

（示范文本）

委托人______________________是__________国国籍、依__________国法律组成，现委托______________________代理______________________商标的如下“√”事宜。

- □商标注册申请
- □商标异议申请
- □商标异议答辩
- □更正商标申请/注册事项申请
- □变更商标申请人/注册人名义/地址　变更集体商标/证明商标管理规则/集体成员名单申请
- □变更商标代理人/文件接收人申请
- □删减商品/服务项目申请
- □商标续展注册申请
- □转让/移转申请/注册商标申请书
- □商标使用许可备案
- □变更许可人/被许可人名称备案
- □商标使用许可提前终止备案
- □商标专用权质权登记申请
- □商标专用权质权登记事项变更申请
- □商标专用权质权登记期限延期申请
- □商标专用权质权登记证补发申请
- □商标专用权质权登记注销申请
- □商标注销申请
- □撤销连续三年不使用注册商标申请
- □撤销成为商品/服务通用名称注册商标申请
- □撤销连续三年不使用注册商标提供证据
- □撤销成为商品/服务通用名称注册商标答辩
- □补发变更/转让/续展证明申请
- □补发商标注册证申请
- □出具商标注册证明申请
- □出具优先权证明文件申请
- □撤回商标注册申请
- □撤回商标异议申请
- □撤回变更商标申请人/注册人名义/地址　变更集体商标/证明商标管理规则/集体成员名单申请
- □撤回变更商标代理人/文件接收人申请
- □撤回删减商品/服务项目申请
- □撤回商标续展注册申请
- □撤回转让/移转申请/注册商标申请
- □撤回商标使用许可备案
- □撤回商标注销申请
- □撤回撤销连续三年不使用注册商标申请
- □撤回撤销成为商品/服务通用名称注册商标申请
- □其他______________________

委托人地址______________________

联　系　人______________________

电　　话______________________

邮政编码______________________

委托人章戳（签字）

年　　月　　日

图 1-7　商标代理委托书

## 四、商标驳回复审

商标驳回复审是指申请注册的商标经商标局审查驳回或部分驳回后，申请人对商标局的驳回理由或法律依据不服，向商标评审委员会申请对原案的复审申请。

申请注册商标以后，通过国家商标局的审查，可能出现两种审查结果：（1）审查通过，国家商标局发出初审公告；（2）审查未通过，国家商标局发出驳回通知书或部分驳回通知书。这时，企业需要根据驳回通知书或部分驳回通知书上面的驳回理由及法律依据具体分析，是否需要提出复审申请。通常情况下，如果驳回或部分驳回的理由是该商标与商标法禁用条款相冲突，或是在相同类似商品上有完全相同的在先权商标，建议企业放弃复审申请，更换商标后重新向商标局提交注册申请。如果驳回或部分驳回的理由是在近似商品上有近似商标，可以根据具体情况分析，抓住该商标与引证商标的区别，阐述二者不易混淆的理由，填写驳回商标复审理由书和《驳回商标注册申请复审申请书》，在收文后15日内向商标评审委员会提出复审申请，并交纳750元官费及代理费。

商标驳回复审比商标注册申请更复杂、专业，一般申请人很难独立完成，建议选择专业的商标代理人代为办理。需要注意的是，申请注册商标和申请驳回复审可以委托不同的商标代理公司办理。

## 五、商标异议

商标注册申请如经商标局审查通过，国家商标局将在9个月后发出初审公告，公告期为3个月，在公告期内根据不同的异议理由，相关人员可以向商标局提出异议申请。提交异议申请需要提交《商标异议申请书》及写清异议申请理由，提交相关证据资料，并交纳500元官费。

商标局收文以后，会转发异议申请副本给被异议商标申请人，被异议商标申请人在收到异议答辩通知书后应当在30日内向国家商标局提交答辩书及相关证据资料。

商标局收到答辩材料后会作出异议裁定，异议裁定有两种结果：（1）驳回异议申请，批准被异议商标的注册申请；（2）异议申请成立，驳回被异议商标的注册申请。

## 六、核准注册

商标注册申请经过3个月的初审公告后,如果没有被提出异议,商标局则会核准商标注册申请,对商标刊登注册公告,该商标注册成功。商标注册申请人可以携带营业执照副本复印件(盖章)、介绍信(或授权委托书)和领证人身份证(原件和复印件)到国家商标局领取商标注册证;委托代理公司的,可以联系代理公司领取商标注册证。

## 七、商标监控

商标监控是指依照商标文字或图形,就特定行业或竞争对手的商标注册情况及使用情况进行定期监控,是权利人维护商标合法权益的重要途径。通过及时的商标监控,可以发现他人"傍名牌""搭便车"等侵权行为,避免不必要的损失,避免权利人的市场名誉受到影响。

### (一)公告监控

监控商标公告信息,是商标监控的常规手段,以便于发现是否有相同、近似或对自己商标产生不利影响的商标被初步审定公告或注册公告。如果发现有此类情形出现,权利人及利害关系人可在异议期内或商标注册后一定期限内提出异议申请或者无效申请,以阻止对方商标注册成功或使对方的商标无效。下面对异议程序进行介绍,无效程序在后文详细介绍。

商标异议的期限为商标初审公告日起3个月内。异议人提出商标异议应当具有明确的请求和事实理由,并有相应的证据支持。需要提醒的是,异议申请只能在商标法规定的异议期内提出,并且一份异议申请只能对一个初步审定的商标提出异议。

商标异议申请包括以下材料:

(1)商标异议申请书(见图1-8);

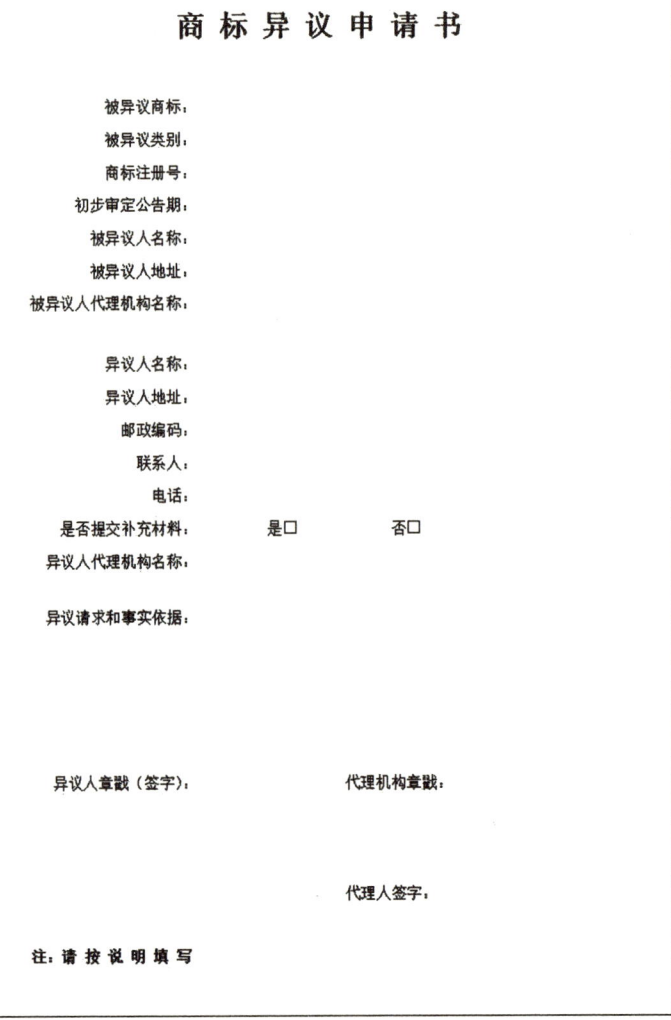

图 1-8　商标异议申请书

（2）异议理由；

（3）被异议商标初步审定公告复印件；

（4）主体资格证明文件（包括作为在先权利人或利害关系人的证明文件及身份证明文件的复印件）；

（5）证据材料（可以在异议申请提出后 3 个月内补交）。

由代理机构代理提出异议申请的，还应递交异议人签字或盖章的代理委托书。商标异议申请书及相关材料应提交一式两份，编排目录及页码并装订成正副本。

异议申请与商标注册申请相同，以"一标一类"为单位收费，一标一类异议费为 500 元。通过邮寄方式提交异议申请的，应当同时通过银行信汇或电汇的方式缴纳异议规费，并附送汇款凭证复印件。汇款人名称应当与异议人一致。

商标局收到商标异议申请后，经过形式审查，符合受理条件的通常会在 30 日内向异议人发出受理通知书。商标异议申请受理后，商标局会将异议人的异议申请书及异议理由和证据材料等副本送交被异议人，限定被异议人在收到商标异议书等副本之日起 30 日内答辩，被异议人在限定期限内未作出书面答辩的，视为放弃答辩权利，异议程序照常进行。商标局会根据双方陈述的事实和理由，作出裁定。

对于商标局作出的裁定，若商标异议人与被异议人有不服的，可以向商标评审委员会提出异议复审。

（二）市场监控

市场中的商标监控是指由权利人或利害关系人定期在市场上对相同或类似商品进行监控，及时发现未经允许使用相同或近似的商标，以及其他对权利人或利害关系人造成不利影响的行为。如果有此类情形出现，可通过发律师函、协商谈判、工商投诉、向法院起诉等途径处理，防止或解决这些侵权行为对权利人持续造成不利影响。

# 八、商标维护

商标维护是指在商标注册成功以后，在商标的宣传使用过程中，对已注册商标进行的后期维护，确保商标在使用过程中的规范性和合法性。

## （一）名称地址变更

商标核准注册后，商标注册人主体资格名称及地址或其他注册事项发生变更的，应当及时向国家商标局申请办理相应变更手续。办理变更手续需要向商标局提交《变更商标申请人注册人名义地址申请书》，并提交相应的证明文件，交纳250元官费。需要提醒的是，权利人名称变更的，还需要提供主管部门的变更证明。

## （二）商标许可及其合同备案

商标许可是指商标注册人通过签订商标使用许可合同，许可他人使用该注册商标的行为。合同备案经许可使用他人注册商标的，必须在使用该注册商标的商品上标明被许可人的名称和商品产地。许可人应当监督被许可人使用其注册商标的商品质量，被许可人也应当保证使用该商标的商品质量。签订商标许可合同的，许可人应当自商标使用许可合同签订之日起3个月内将合同副本报送至国家商标局备案，由商标局公告。备案过程中应提交《商标使用许可备案表》和双方签订的《商标使用许可合同》，并交纳150元官费。

## （三）撤销连续三年不使用的注册商标

商标获得注册后，商标权人负有连续使用义务。注册商标长期搁置不用，将造成资源浪费，不但无法发挥商标应有的功能和作用，而且影响他人注册或使用。我国《商标法》规定，"注册商标成为其核定使用的商品的通用名称或者没有正当理由连续三年不使用的，任何单位或者个人可以向商标局申请撤销该注册商标"。商标局受理撤销申请后会通知商标权人提供该申请期限内的使用证据。

提出申请撤销三年不使用的注册商标的申请人需要向国家商标局递交《撤销连续三年不使用注册商标申请书》并交纳1000元官费。

商标局在收文以后，会将撤销申请副本及答辩通知发送给被申请商标的权利人，商标权利人收到该答辩通知书后需在 2 个月内向国家商标局提交答辩书及真实的、有说服力的使用证据，才能继续持有商标权利。

商标所有人提供的使用证据应当在提出撤销商标申请的时间范围内，商标使用证据最好是多样的，例如商品、包装、发票、交易凭证等，多种证据能够相互佐证，形成有力的证据链，才能被采纳。因为举证责任完全在注册商标权利人一方，并且需要在 2 个月的时限内完成证据的选择收集并编写答辩文书，所以，迅速组织收集合法的使用证据证明商标的使用情况显得尤为重要，当事人可以委托专业的商标代理机构协助完成。

### （四）商标无效

《商标法》第 44 条规定："已经注册的商标，违反本法第十条、第十一条、第十二条规定的，或者是以欺骗手段或者其他不正当手段取得注册的，由商标局宣告该注册商标无效；其他单位或者个人可以请求商标评审委员会宣告该注册商标无效。"《商标法》第 10~12 条作为商标法禁用条款，其指定内容属于绝对禁止作为商标使用情形。

注册商标的违法使用也会造成商标无效，商标注册人有下列行为之一的，由商标局责令限期改正或者撤销其注册商标：（1）自行改变注册商标的；（2）自行改变注册商标的注册人名义、地址或者其他注册事项的；（3）自行转让注册商标的；（4）连续 3 年停止使用的；（5）使用注册商标，其商品粗制滥造，以次充好，欺骗消费者的。

需要提醒的是，申请商标无效的主体是其他单位和个人，即除注册商标持有人之外的其他任何人，受理无效申请的单位是商标评审委员会。提出无效请求需要向商标评审委员会递交《注册商标无效宣告请求书》并交纳 750 元官费。

### （五）商标撤销

注册商标的撤销是指商标局或商标评审委员会依法强制取消已经注册的商标。

注册商标的撤销，主要是指注册商标因争议而被撤销。在先申请注册的商标注册人认为他人在后申请注册的商标与其在相同或类似商品、服务上的注册商标相同或近似，在先申请注册的申请人可以在后申请注册的商标注册之日起 5 年内，向商标评审委员会申请裁定撤销。其他情况包括已经注册的商标，违反商标法禁用条款的规定，或者是以欺骗手段、其他不正当手段取得注册的，由商标局撤销该注册商标；其他单位或者个人可以请求商标评审委员会裁定撤销该注册商标。请求撤销注册商标需要向商标评审委员会递交《注册商标无效宣告请求书》，并交纳 750 元官费。

需要提醒的是，通常商标的无效、撤销是在获得商标权几年之后，且提供证据和答辩期限较短，因此，商标注册申请时委托代理机构的，商标局收到相应文件后通过原代理公司通知商标权人，所以，建议商标权利人选择稳定可靠的代理机构，更换代理机构后要及时变更，避免因代理公司经营不善致使商标权人无法收到商标局转发的文件错失答辩期限而导商标被撤销或无效的结果。

### （六）商标续展

商标续展是指商标权人在商标注册有效期届满前一年内，依法向国家商标局办理续展手续，延长注册商标的有效期。

办理商标续展需要在注册有效期届满前一年内向国家商标局提出申请，申请需要提交《商标续展注册申请书》及主体资格证明文件，并交纳续展申请费 1000 元。如果因为疏忽，确已超出该有效期，可以在过期半年之内向国家商标局提出续展申请并另交纳续展注册延迟费 250 元。如超出有效期半年仍未办理商标续展手续，则该商标失效，无法恢复权利。

需要提醒的是，因未续展导致商标失效后，权利人可将原商标重新申请注册，但是存在以下风险：（1）新商标注册申请未被核准之前，权利人不享有注册商标专用权，致使注册商标保护期限出现"断档"；（2）由于审查原则的改变，原商标的新注册申请可能不被核准注册，导致企业彻底失去该商标。因此，建议企业严密监控自己的注册商标，及时办理续展手续。

# 第二章　商标国际注册

商标国际注册是指向境外国家或地区申请注册商标。目前中国企业向境外申请商标注册有以下三种途径：（1）马德里商标国际注册；通过国家商标局同时向部分或全部成员方提出注册申请；（2）依据《巴黎公约》或双边协议或对等原则，申请人单独向某一国家或地区提出注册申请；（3）通过地区性公约组织提交申请，以获得该组织成员方的商标保护（如欧盟、非洲知识产权组织等）。下面分别对马德里商标国际注册、欧洲共同体商标注册和非洲知识产权成员国商标注册予以介绍。

## 一、马德里商标国际注册

马德里商标国际注册是指根据《商标国际注册马德里协定》及《商标国际注册马德里协定有关议定书》的规定办理商标注册。截至 2018 年 9 月，《马德里协定》成员已有 101 个，覆盖全球 117 个国家和地区。《马德里协定》各成员均有自己的商标制度，对于希望在《马德里协定》成员内得到保护的申请人，可以通过马德里国际注册获得保护，也可以逐一向成员方申请注册获得保护。申请人可以就一个商标，递交一个申请，按成员数量缴纳费用，在《马德里协定》和《议定书》成员方范围内指定商标保护的国家或地区。根据世界知识产权组织国际局的统计，截至 2017 年年底，中国申请人提交马德里商标国际注册申请共计 4810 件（一件商标到多个国家申请），排名位居全球第三。马德里商标国际注册的办理流程及手续如下。

## （一）申请人资格

申请人应在我国设有真实有效的工商营业场所；或在我国境内有住所；或拥有我国国籍。需要提醒的是，我国台湾地区的法人或自然人均可通过国家商标局提出国际注册申请。而我国香港特别行政区和澳门特别行政区的法人或自然人目前还不能通过国家商标局提出国际注册申请。

## （二）申请条件

申请国际注册的商标必须已经在我国启动商标注册申请程序。申请人指定保护的国家或地区是纯《马德里协定》缔约方，申请国际注册的商标必须是在我国已经获得注册的商标；申请人指定保护的国家或地区是纯《马德里议定书》缔约方，或是同属《马德里协定》和《马德里议定书》缔约方；申请国际注册的商标可以是已在我国提出注册申请并被受理的商标，也可以是已经注册的商标。

## （三）办理途径

通过国家商标局申请马德里商标国际注册有两条途径：
（1）委托国家认可的商标代理机构办理；
（2）申请人自行向国家商标局提交申请。

## （四）办理步骤

准备申请材料→向国家商标局国际注册处提交申请→根据《收费通知书》的规定缴纳注册费用→领取国际注册证。

## （五）申请材料

（1）马德里商标国际注册申请书；
（2）外文申请书（仅指定纯协定缔约方）：选用MM1表格；指定的缔约方如不包含纯协定缔约方，选用MM2表格；指定的缔约方如包含纯协定缔约方，选用 MM3 表格；

（3）申请人资格证明一份，如营业执照复印件、身份证复印件等；

（4）国内《商标注册证》复印件，或《受理通知书》复印件；

（5）如基础注册或申请的商标在国内进行过变更、转让或续展等后续业务，一并提交核准证明复印件；

（6）申请人使用英文名称的，必须提供该英文名称的证明文件；

（7）申请人委托商标代理机构办理，还应提交商标代理委托书；

（8）指定美国的，一并提交 MM18 表格。

**（六）办理费用**

商标局收到手续齐备的申请材料之后，登记收文日期，编申请号，计算申请人所需缴纳的费用，向申请人或代理人发出《收费通知单》。

申请人或代理人应在收到《收费通知书》之日起 15 日内向国家商标局缴纳有关费用。国家商标局只有在收到如数的款项后，才会向国际局递交申请。如申请人或代理人逾期未缴纳规费，国家商标局不受理其申请，并书面通知申请人。

**（七）领取《国际注册证》**

世界知识产权组织（国际局）收到符合《商标国际注册马德里协定及其议定书共同实施细则》的国际注册申请后，即在国际注册簿上进行登记注册，并向商标注册申请人颁发《国际注册证》，通知各被指定缔约方商标主管机关。

《国际注册证》由国际局直接寄送给商标局国际注册处，再由商标局国际处转寄给申请人或商标代理机构。需要提醒的是，申请人一定要清楚填写地址（可增加通信地址），如果申请人的地址有变，应及时办理变更手续。

马德里商标国际注册有效期为 10 年，自国际注册日起计算，有效期满后，如继续使用的，应当续展注册。

## 二、欧洲共同体商标注册

申请人可以向位于西班牙阿里根特市的内部市场协调局（OHIM）申请注册，经核准注册后可在欧洲共同体各成员国受到保护，无须再向每个国家分别申请。

欧洲共同体成员共有 28 个，包括：法国、德国、意大利、荷兰、比利时、卢森堡、丹麦、爱尔兰、英国、希腊、西班牙、葡萄牙、奥地利、芬兰、瑞典、波兰、捷克、匈牙利、斯洛伐克、斯洛文尼亚、塞浦路斯、马耳他、拉脱维亚、立陶宛、爱沙尼亚、保加利亚、罗马尼亚和克罗地亚。

欧洲共同体注册采取双重保护原则：欧洲共同体商标不取代国家商标，国家商标与通过欧共体注册的商标共同存在。这一原则可以通过以下例子来理解：

（1）如果一个申请人向欧洲共同体申请注册商标被驳回，申请人可以在 3 个月内将欧洲共同体商标转换为在一个或几个国家的商标申请，其原申请日及优先日同样享受。

（2）欧洲共同体商标申请在共同体内部公告期间，共同体国家的在先权利人可以提出异议，如果国家在先的权利人在知道的情况下容忍在后的共同体商标连续使用 5 年，就丧失了提出无效或反对使用的权利，两个商标共存，在同一地域内将会有两个不同的商标权人。

欧洲共同体商标注册对申请语言没有限制，可使用任一共同体成员国的语言。但申请人在申请的同时须在英语、法语、德语、意大利语和西班牙语中指定一种语言，作为他人异议、撤销或无效的语言。

## 三、非洲知识产权成员国商标注册

非洲知识产权组织在喀麦隆共和国雅温得设有知识产权办公室，统管各成员国商标事务，商标经核准后在所有成员国受法律保护。

非洲知识产权组织成员国共有 17 个，包括：喀麦隆、贝宁、布基纳法索、中非共和国、刚果、乍得、加蓬、几内亚、几内亚比绍、科特迪瓦（象牙海岸）、马里、毛里塔尼亚、尼日尔、塞内加尔、多哥、赤道几内亚和科摩罗。

非洲知识产权组织成员国均系原法国殖民地，因此，注册指定使用的语言为法语。成员国在商标领域内完全受非洲知识产权组织的约束，没有各自独立的商标制度。

## 四、三种国际注册方式的优缺点

### （一）马德里商标国际注册

1. 优点

（1）手续简便。商标申请人可仅通过向主管局提交一份申请而在多个被指定国同时获得商标保护，申请手续简便。

（2）费用低廉。商标申请人在马德里所有成员方就一个类别申请商标注册所需的费用是逐一国家或地区申请注册所需费用的 1/12~1/11。

（3）时间快捷。从国际注册日起，如果被指定国在规定的期限内（依照协定书为 12 个月，依照议定书为 18 个月）没有向国际局发出驳回通知，该商标将在该指定国自动得到保护。

2. 缺点

（1）注册国家的局限性。马德里协定成员方偏重于欧洲国家，与我国贸易联系密切的很多国家目前不是马德里协定成员，因此，我国企业目前无法通过马德里国际注册途径在这些国家或地区取得商标权。

（2）要求以国内申请/注册为基础。申请国际注册的商标必须已经在我国启动商标注册申请程序。需要提醒的是，申请人指定保护的国家或地区是《马德里协定》缔约方，申请国际注册的商标必须是在我国已经核准注册的商标；申请人指定保护的国家或地区是《马德里议定书》缔约方，或是同属《马德里协定》和《马德里议定书》缔约方，申请国际注册的商标可以是已在我国提出注册申请并被受理的商标，也可以是已经核准注册的商标。

（3）注册效力的不稳定性。由于马德里商标国际注册要求以国内申请/注册为基础，根据《马德里议定书》第6条："在注册之日起5年期满前，如果基础申请或由之产生的注册或者基础注册分别就全部或部分国际注册中所列的商品和服务被撤回、过期、被放弃、最终驳回、注销或被宣布无效，无论其是否已被转让，都不得再要求国际注册给予的保护"，因此，马德里商标国际注册在5年后才能与原属国或地区的注册脱钩，所以，一旦原属国或地区的注册在5年内失效，国际注册也将随之失效。这一现象被称为马德里商标的"中心打击"原则。

**（二）欧洲共同体注册**

1. 优点

（1）申请人通过提交一件共同体商标申请即可在欧共体成员国家得到对该商标的保护；

（2）欧共体商标在任一成员国的使用将被视为在所有共同体成员国的使用；

（3）欧共体商标的转让、变更或续展将在整个共同体成员国范围内发生效力；

（4）欧共体商标申请注册费用和续展费用比逐一国家注册的费用更便宜。

2. 缺点

（1）欧洲共同体商标注册对商标的显著性要求很高，欧共体所有成员国中只要一个成员国有他人提出异议，且异议成立，将导致商标注册整体被驳回。尽管该被驳回商标可以转换为国家申请，但须申请人支付向每个国家的转换费用。因此，若选用商标的显著性不强，则不适合申请共同体商标注册。

（2）在内部市场协调局申请共同体商标注册的时间较难确定，如果一切顺利，商标可能在一年内获得注册。然而，只要有一个国家有他人提出异议，该商标就不能及时获准注册，解决异议通常需花费 2 年左右的时间。在欧共体国家比较重视知识产权的情况下，欧共体商标在所有国家均无异议的概率较小，因此，欧共体商标申请往往在较长时间内不能获准注册。

### (三) 非洲知识产权组织商标国际注册的优缺点

非洲知识产权组织成员各国并无自己的商标制度，因此不能逐一国家申请注册商标，只能通过非洲知识产权组织进行注册。因非洲知识产权组织要求使用法语，对国内申请人来说，需要将申请文件翻译成法语，增加了申请注册的难度。

## 五、单一国家注册的流程及实务

### （一）单一国家注册简介

单一国家注册是指企业委托他人或自行到境外国家或地区（《巴黎公约》成员或与我国签订有商标注册互惠协议的国家或地区）逐一办理商标注册申请。

除马德里国际注册之外的单个国家商标注册不同于马德里国际注册，其程序更烦琐。不同国家的商标法及实行的商标注册程序一般都有所不同。有些国家采用"使用在先"原则，而有些则使用"注册在先"原则。注册所需的周期各不相同，一般时间与我国也相差无几，短的需 1 年左右，长的则需 5~6 年。所以，对于想要进行出口贸易的单位，需提前在其贸易出口国进行注册，否则其商标得不到保护。另外，各个国家的商标使用有效时限各不相同，且使用过程中的要求也不相同。

通常，递交一份国外商标注册申请，需另提交一份商标委托申请书和商标图样。根据不同国家的不同商标注册程序，有些国家又需要申请注册人委托其本国商标代理人代理一切商标注册事宜，有些国家又需要申请注册人所属国家外事处的公证认证。在大多数国家，即使商标还没在本国注册，也可以提交申请；而有些国家的商标注册，则必须基于本国商标注册。

因此，企业应针对产品市场和需求而选择商标注册的方式，如果企业产品市场较窄，可选择单一注册；企业的市场范围较广，可选择费用较少的注册方式。无论何种注册方式，都能起到保护商标的作用。

### （二）单一国家注册流程及实务

1. 四种流程模式简介

常见的商标逐一国际注册流程模式有以下四种。

第1种：申请→审查→公告→核准发证。这种模式与国内注册流程基本相同，也是全球多数国家都采用的模式。

第2种：申请→审查→核准发证→公告。有部分国家为了缩短注册时间，在商标审查后认为没有违反商标法律法规的，则直接先行核准注册，公告后有异议的再予以处理。

第3种：申请→公告→审查→核准发证。有部分国家为了节约审查资源，在商标形式审查通过后直接予以公告，若无人异议的再进行实质审查来决定是否予以核准保护。

第4种：申请→公告予以保护。有少部分国家没有专门的商标法律，直接采用公告制，申请后在官方指定的报纸上予以公告以声明占有商标权，作为确权和维权的依据。

2. 四种流程模式详细说明及注意事项

（1）第1种流程模式是相对主流的申请注册模式，中国周边的大部分亚洲国家、北美洲的美国和加拿大、非洲的大部分国家以及欧洲的部分国家都采用这一流程模式。与国内相比在具体操作上具有一定的区别，主要体现在审查环节。在国内需要经过"形式审查"和"实质审查"两个方面的审查：既对申请文件的合格性进行审查，又要对是否违反禁注禁用条款、是否缺乏显著性和是否对在先权利构成冲突进行审查。任何一个方面审查不通过则商标就不能通过初审予以公告。然而，在马德里商标国际注册时，有部分国家不审查是否对在先权利构成冲突，即商标主管机关不会以"有在先相同或近似商标"为由而驳回后续申请，这类国家/组织有：德国、法国、比荷卢联盟、欧盟、西班牙、丹麦等一大部分欧洲国家，莱索托、摩洛哥、吉布提、非洲知识产权组织等部分非洲国家/组织，多米尼加、伯利兹、圣基茨和尼维斯等加勒比海国家。因此，需要提醒的是，申请人委托代理公司在这些国家或地区申请注册商标时，不仅要考察代理公司的申请代理专业能力，而且要注重其对后续他人申请的监测能力，及时发现及时异议，只有这样才能保障商标在注册后不被他人又注册相同或近似的商标。

（2）采用第2种流程模式常见的有日本、蒙古、哈萨克斯坦和中国台湾地区等亚洲国家/地区，非洲知识产权组织、肯尼亚、加纳等非洲国家/组织，德国、瑞典、挪威、芬兰等欧洲国家。在这些国家或地区只要通过初步审查，商标主管机关即直接颁发注册证。需要提醒的是，申请人即使在这些国家或地区已经拿到注册证也不能掉以轻心，还要密切关注后续公告程序，因为直到公告期截止后没有人提出异议或异议不成立，商标权才算真正确立。另外，在这些国家或地区，公告后若商标被依法撤销，则视为该注册商标已无效，商标主管机关也会公开相关通知，即使申请人没有向官方交还商标注册证原件，在遇到维权或侵权纠纷时，也不能主张商标权利。

（3）采用第3种流程模式的国家主要有巴西、阿根廷、哥伦比亚、委内瑞拉等南美洲国家，在公告期结束无异议或异议不成立的情况下，才会进入实质审查阶段，即商标主管机关对商标是否违反禁注禁用条款、是否缺乏显著性和是否对在先权利构成冲突进行审查，审查通过才能予以核准注册。所以，对采用这一注册流程模式的国家，其公告与国内注册的初审公告意义不同，虽然申请人有时在申请后数周内便会拿到公告通知，但这不代表获准注册，而是正常的官方审查程序；公告也不代表该商标日后被核准注册的概率高，而应以最终审查结果为准。

（4）采用第4种流程模式的国家主要有缅甸、马尔代夫等亚洲国家，以及瑙鲁、帕劳、马绍尔群岛共和国等大洋洲国家，这些国家法制相对落后，无成文的商标法律体系，仅以在各国官方指定的当地报纸媒体上公告而宣誓商标权，若在使用过程中遇到侵权或维权纠纷则以报纸公告为依据，按照民法的相关规定来确定是否侵权。需要提醒的是，第一，"公开在先原则"，谁先公开宣誓商标所有权则优先获得商标权；第二，要在官方指定报纸进行公告宣誓并保留报纸原件作为主张商标权利的依据。

在了解前述四种单一国家商标注册流程模式的基础上，申请人更容易理解马德里商标国际注册流程。对于国内申请人来说，可以直接向国家商标局或者通过商标代理机构向国家商标局提交申请，国家商标局国际注册处进行形式审查后转交世界知识产权组织，其进行形式审查后颁发国际注册证明并将申请转交至申请人指定保护的各个国家和地区的商标主管机关，各国/地区商标主管机关根据本地区的法律规定予以审查并作出是否予以核准保护的决定。

从以上流程可以看出，除了通过国家商标局提交申请文件外，之后各国家/地区依然根据各自商标审查规定和流程进行审查，并不由世界知识产权组织来决定是否予以保护，所以，提出马德里商标国际注册后，世界知识产权组织颁发的国际注册证明与国内注册的受理通知书类似，该证明并非为商标在各个国家或地区予以核准注册的证明；另外，对于马德里商标国际注册还应注意的是，有些国家或地区的商标异议期是从世界知识产权组织公告后的次月1日开始计算，各国审查后不再进行公告，类似于前述将公告程序前置的第3种流程模式；还有一些国家或地区在世界知识产权组织公告后，本地审查后还会进行公告，其类似于第1种流程模式，所以，申请人在对他人商标提出异议时，务必要清楚目标国家商标注册流程是上述哪种模式，以免错过异议期。

虽然商标国际注册的主要流程有如前述的几种，但在细节规则上仍有特殊之处。如越南对异议期限没有确切规定，公告后到核准发证前任何时候都可以提出异议；俄罗斯、乌克兰等没有异议程序，商标核准注册后只能申请无效；各国或地区的异议期也不尽相同，有 30 天、2 个月、3 个月、6 个月等，并且异议期的计算方法五花八门，有按日历日计算的，有按工作日计算的，还有按宗教历法计算的，这些都需要申请人或商标代理机构十分了解目标国家的商标注册流程，才能使申请人的权利得到持续保障。

# 第三章 地理标志与商标

地理标志，是指标示某商品来源于某地区，该商品的特定质量、信誉或者其他特征，主要由该地区的自然因素或者人文因素所决定的标志。地理标志，可以依照《商标法》和《商标法实施条例》的规定，作为证明商标或者集体商标申请注册。证明商标和集体商标有效期为10年，注册商标专用权自核准注册之日起计算。

## 一、证明商标

证明商标是指由对某种商品或者服务具有监督能力的组织所控制，而由该组织以外的单位或者个人使用于其商品或者服务，用以证明该商品或者服务的原产地、原料、制造方法、质量或者其他特定品质的标志。证明商标应由某个具有监督能力的组织注册，由其以外的其他人使用，注册人不能使用。它是用以证明商品或服务本身出自某原产地，或具有某种特定品质的标志。只要当事人提供的商品或服务符合这一特定的品质并与注册人履行规定的手续，就可以使用该证明商标，注册人不得拒绝。

## 二、集体商标

集体商标是指以团体、协会或者其他组织名义注册，供该组织成员在商事活动中使用，以表明使用者在该组织中的成员资格的标志。集体商标不是个别企业的商标，而是多个企业或个人组成的某一组织成员共同拥有和使用的商标。集体商标由该组织的成员共同使用，不是该组织的成员不得使用，也不得转让。为适应集体商标"共有"和"共用"的特点，它的注册、使用及管理均应制订统一的规则，并将其公之于众，由集体成员在公众的监督下共同遵守。

# 三、办理流程

## （一）办理途径

申请注册证明商标或集体商标有两个途径：
（1）委托在国家商标局备案的商标代理机构办理；
（2）申请人直接到国家商标局商标注册大厅办理。

## （二）主要流程

（1）委托商标代理机构办理证明商标或集体商标注册申请的，申请人可以自愿选择任何一家在国家商标局备案的商标代理机构办理。

（2）申请人直接到国家商标局或各地方指定的商标注册大厅办理证明商标或集体商标注册申请的，申请人可以按照以下步骤办理：申请前查询（非必需程序）→准备申请书件→在商标注册大厅受理窗口提交申请书件→在打码窗口确认提交注册申请→在交费窗口缴纳商标注册规费→领取规费收据。

申请人领取收据后，提交商标注册申请工作完成。商标注册审理程序可参阅前文的商标注册申请流程，申请人在收到《领取商标注册证通知书》后，到商标注册大厅领取《商标注册证》。

# 四、申请材料

## （一）证明商标需要提交的申请材料

（1）《商标注册申请书》。

（2）证明商标申请人主体资格证明文件及复印件，或者加盖申请人印章的有效复印件，并应当详细说明其所具有的或者其委托的机构具有的专业技术人员、专业检测设备等情况，以表明其具有监督该证明商标所证明的特定商品品质的能力。

（3）证明商标使用管理规则。

（4）直接到商标注册大厅办理注册申请的，须提交经办人的身份证及复印件（原件经比对后退还）；委托商标代理机构办理注册申请的，须提交商标代理委托书。

（5）如申请注册的证明商标是人物肖像，应附送经过公证的肖像权人同意将此肖像作为商标注册的声明。

（6）地理标志所标示地区的人民政府或者行业主管部门授权申请人申请注册并监督管理该地理标志的文件。

（7）有关该地理标志产品客观存在及信誉情况的证明材料（包括县志、农业志、产品志等）并加盖出具证明材料部门的公章。

（8）地理标志所标示的地域范围划分的相关文件、材料。

（9）相关文件包括县志、农业志、产品志中所表述的地域范围，或者县级以上人民政府或行业主管部门出具的地域范围证明文件。

（10）地理标志产品特定品质受特定地域环境或人文因素决定的说明。

（11）地理标志申请人具备监督检测该地理标志能力的证明材料。

（12）申请人具备检验检测能力的，申请人需要提交检验设备清单及检验人员名单，并加盖申请人的公章。

（13）申请人委托他人检验检测的，应当附送申请人与具有检验检测资格的机构签署的委托检验检测合同原件,并提交该检验检测机构法人证书、检测资格证书的复印件及检验设备清单、检验人员名单,并加盖其公章。

(14) 如果外国人或者企业申请地理标志集体商标、证明商标注册的,应当提供该地理标志以其名义在其原属国受法律保护的证明。

**(二) 集体商标需要提交的申请材料**

(1)《商标注册申请书》。

(2) 集体商标申请人主体资格证明文件及复印件,或者加盖申请人印章的有效复印件。

(3) 集体商标使用管理规则。

(4) 集体成员名单。

(5) 直接到商标注册大厅办理注册申请的,须提交经办人身份证及复印件;委托商标代理机构办理注册的,须提交商标代理委托书。

(6) 如申请注册的集体商标是人物肖像,应附送经过公证的肖像权人同意将此肖像作为商标注册的声明文件。

**(三) 申请文件的具体要求**

(1) 填写商标注册申请书时,申请人的名义、章戳应与核准注册或者登记的名义完全一致。商品或服务项目应当按照《类似商品和服务区分表》填写规范名称,商品或服务名称未列入《类似商品和服务区分表》的,应当附送相应的说明。

(2) 如果申请注册的是证明商标,应在商标注册申请书的"商标种类"一栏中注明是证明商标;如果申请注册的是集体商标,应在商标注册申请书的"商标种类"一栏中注明是集体商标。

(3) 申请人主体资格证明文件可以是企业的营业执照,或者事业单位、群众团体经登记成立的批准文件。集体商标注册申请人,应为某一组织,可以是工业或商业的团体,也可以是协会、行业或其他集体组织,而不是某个单一企业或个体经营者。

（4）证明商标使用管理规则应包括以下内容：使用证明商标的宗旨、意义或目的；该证明商标证明的商品的特定品质；使用该商标的条件；使用证明商标的权利、义务和违反规则应当承担的责任；注册人对使用该证明商标商品的检验监督制度。

（5）集体商标使用管理规则应包括以下内容：使用集体商标的宗旨；使用集体商标的集体成员的名称、地址、法定代表人等；集体商标指定使用的商品的品质；使用集体商标的手续；集体成员的权利、义务和违反规则应当承担的责任；注册人对使用该集体商标商品的检验监督制度。

（6）所有申请书件应当使用中文。向中国申请领土延伸的证明商标或集体商标应交送中文文本；如申请书件使用中文以外文字的，应附送中文译本，并以中文译本为准。

### （四）办理费用

受理集体商标、证明商标注册费的缴纳官费数额为1500元一件，缴纳方式与普通商标相同。

### （五）补正程序

商标注册申请手续齐备、按照规定填写申请文件并缴纳费用的，商标局予以受理并书面通知申请人；如果申请手续不齐备、未按照规定填写申请文件或者未缴纳费用的，商标局不予受理，书面通知申请人并说明理由。因此，补正程序为非必经程序。

申请手续基本齐备或者申请文件基本符合规定，但是需要补正的，商标局通知申请人予以补正，限其自收到通知之日起30日内，按照指定内容补正并交回商标局。在规定期限内补正并交回商标局的，保留申请日期；期满未补正的或者不按照要求进行补正的，商标局不予受理并书面通知申请人。

## （六）注意事项

（1）《受理通知书》仅表明商标注册申请已被商标局受理，并不表示申请已被核准。

（2）证明商标或集体商标注册申请被驳回的，如果对驳回决定不服，申请人可以自收到驳回通知之日起 15 日内向国家知识产权局商标评审委员会申请复审。

（3）申请注册的证明商标或集体商标被提出异议的，如果申请人对商标局的异议裁定不服，可以自收到异议裁定书之日起 15 日内向国家知识产权局商标评审委员会申请复审。

（4）证明商标或集体商标在提出申请之后但尚未核准注册前仍为未注册商标，仍须按未注册商标使用。如果使用该商标侵犯他人商标专用权，不影响有关工商行政管理机关对该行为的查处。

（5）注册商标的有效期为 10 年，自核准注册之日起计算。注册商标有效期满需要继续使用的，商标注册人应当在期满前 12 个月内办理续展手续。在此期间未能办理的，可以在期满后的 6 个月的宽展期内提出，但须缴纳受理续展注册迟延费。宽展期满后仍未提出续展申请的，商标局将注销该注册商标，如果原注册人想继续拥有该商标专用权，则须重新提出注册申请。

# 第四章 商标诉讼

## 一、商标确权诉讼

### (一) 概述

商标权作为一种在法定期限内受到法律保护的民事权利,与版权自动产生权利的形式不同。商标权的取得,需经商标权人依法向国家行政主管机关提出申请并缴纳必要的费用,由国家行政主管机关依法予以确认。

商标确权是一个由相关民事主体启动及参加,多个具有法定职责的国家公职人员依法审查、确认的复杂过程。商标确权的及时和公正受制于多方面的因素。其中,最重要也是最基础的制约因素就是:商标确权法律程序的设置。

我国商标法取消了商标确权行政终局裁决权,在原商标确权行政程序基本不变的情况下,增设司法程序,将不服商标确权行政决定、裁定的案件纳入司法审查(行政诉讼)的范围。

### (二) 商标确权的行政程序

我国商标法以申请在先确定商标专用权归属的注册原则为基本的商标确权原则,商标确权行政程序分为商标确权行政普通程序、商标确权行政特殊程序。

1. 商标确权行政普通程序

商标确权行政普通程序，由申请、审查、初步审定并公告、核准注册四个环节组成。具体而言，商标注册人向国家知识产权局商标局（以下简称"商标局"）提交商标注册申请，由商标局依法进行审查。凡是认为符合商标法规定的，商标局予以初步审定并在《商标公告》上刊登初步审定公告，公开征求社会公众意见（凡是认为不符合法律规定的，商标局驳回其注册申请）。之后，商标局对在法定异议期内没有被提出异议的初步审定公告商标予以核准注册。绝大多数注册商标只需经过上述程序，即可获得商标法所保护的商标专用权。

2. 商标确权行政特殊程序

商标确权行政特殊程序，是指上述商标确权行政普通程序之外的其他程序，为驳回商标注册申请的复审、商标异议、商标异议复审、商标争议、商标撤销、商标撤销复审等程序，是少数商标注册申请人或者商标注册人为取得或者维持商标专用权而不得不经历的法律程序。

### （三）商标确权的司法程序

商标确权的司法审查是指原告（裁定的当事人）不服商评委所作决定，主张其合法权益受到侵犯，被告（商评委）证明其被诉行政行为具有合法性，负责商标确权司法审查的审判机构对被诉行政行为是否合法进行审查，并作出司法判决的过程。

《商标法》第32条第2款、第33条第2款、第43条第2款、第49条第2款均规定，当事人对商评委所作的商标确权行政决定、裁定不服的，可以自收到通知之日起30日内向人民法院起诉。凡涉及双方当事人的商标确权案件，人民法院应当通知商标评审程序中的对方当事人为第三人参加诉讼。人民法院依据《中华人民共和国行政诉讼法》的规定，对商评委的被诉决定、裁定是否合法进行审查。

### （四）最高人民法院的意见

最高人民法院2010年4月20日发布的《最高人民法院关于审理商标

授权确权行政案件若干问题的意见》中明确以下内容。

（1）人民法院在审理商标授权确权行政案件时，对于尚未大量投入使用的诉争商标，在审查判断商标近似和商品类似等授权确权条件及处理与在先商业标志冲突上，可依法适当从严掌握商标授权确权的标准，充分考虑消费者和同业经营者的利益，有效遏制不正当抢注行为，注重对于他人具有较高知名度和较强显著性的在先商标、企业名称等商业标志权益的保护，尽可能消除商业标志混淆的可能性；对于使用时间较长、已建立较高市场声誉和形成相关公众群体的诉争商标，应当准确把握商标法有关保护在先商业标志权益与维护市场秩序相协调的立法精神，充分尊重相关公众已在客观上将相关商业标志区别开来的市场实际，注重维护已经形成和稳定的市场秩序。

（2）在实践中，有些标志或者其构成要素虽有夸大成分，但根据日常生活经验或者相关公众的通常认识等并不足以引人误解。对于这种情形，人民法院不宜将其认定为夸大宣传并带有欺骗性的标志。

（3）人民法院在审查判断有关标志是否构成具有其他不良影响的情形时，应当考虑该标志或者其构成要素是否可能对我国政治、经济、文化、宗教、民族等社会公共利益和公共秩序产生消极、负面影响。如果有关标志的注册仅损害特定民事权益，由于商标法已经另行规定了救济方式和相应程序，不宜认定其属于具有其他不良影响的情形。

（4）根据商标法的规定，县级以上行政区划的地名或者公众知晓的外国地名一般不得作为商标注册和使用。在实践中，有些商标由地名和其他要素组成，在这种情形下，如果商标因有其他要素的加入，在整体上具有显著特征，而不再具有地名含义或者不以地名为主要含义的，就不宜因其含有县级以上行政区划的地名或者公众知晓的外国地名，而认定其属于不得注册的商标。

（5）人民法院在审理商标授权确权行政案件时，应当根据诉争商标指定使用商品的相关公众的通常认识，从整体上对商标是否具有显著特征进行审查判断。标志中含有的描述性要素不影响商标整体上具有显著特征的，或者描述性标志是以独特方式进行表现，相关公众能够以其识别商品来源的，应当认定其具有显著特征。

（6）人民法院在审理商标授权确权行政案件时，应当根据中国境内相关公众的通常认识，审查判断诉争外文商标是否具有显著特征。诉争标志中的外文虽有固有含义，但相关公众能够以该标志识别商品来源的，不影响对其显著特征的认定。

（7）人民法院在判断诉争商标是否为通用名称时，应当审查其是否属于法定的或者约定俗成的商品名称。依据法律规定或者国家标准、行业标准属于商品通用名称的，应当认定为通用名称。相关公众普遍认为某一名称能够指代一类商品的，应当认定该名称为约定俗成的通用名称。被专业工具书、辞典列为商品名称的，可以作为认定约定俗成的通用名称的参考。

约定俗成的通用名称一般以全国范围内相关公众的通常认识为判断标准。对于由于历史传统、风土人情、地理环境等原因形成的相关市场较为固定的商品，在该相关市场内通用的称谓，可以认定为通用名称。

申请人明知或者应知其申请注册的商标为部分区域内约定俗成的商品名称的，应视其申请注册的商标为通用名称。

（8）人民法院审查判断诉争商标是否属于通用名称，一般以提出商标注册申请时的事实状态为准。如果申请时不属于通用名称，但在核准注册时诉争商标已经成为通用名称的，仍应认定其属于本商品的通用名称；虽在申请时属于本商品的通用名称，但在核准注册时已经不是通用名称的，则不妨碍其取得注册。

（9）如果某标志只是或者主要是描述、说明所使用商品的质量、主要原料、功能、用途、重量、数量、产地等特点，应当认定其不具有显著特征。标志或者其构成要素暗示商品的特点，但不影响其识别商品来源功能的，不属于上述情形。

（10）人民法院审理涉及驰名商标保护的商标授权确权行政案件，可以参照《最高人民法院关于审理涉及驰名商标保护的民事纠纷案件应用法律若干问题的解释》第 5 条、第 9 条、第 10 条等相关规定。

（11）对于已经在中国注册的驰名商标，在不相类似商品上确定其保护范围时，要注意与其驰名程度相适应。对于社会公众广为知晓的已经在中国注册的驰名商标，在不相类似商品上确定其保护范围时，要给予与其驰名程度相适应的较宽范围的保护。

（12）商标代理人、代表人或者经销、代理等销售代理关系意义上的代理人、代表人未经授权，以自己的名义将被代理人或者被代表人商标进行注册的，人民法院应当认定属于代理人、代表人抢注被代理人、被代表人商标的行为。审判实践中，有些抢注行为发生在代理、代表关系尚在磋商的阶段，即抢注在先，代理、代表关系形成在后，此时应将其视为代理人、代表人的抢注行为。与上述代理人或者代表人有串通合谋抢注行为的商标注册申请人，可以视其为代理人或者代表人。对于串通合谋抢注行为，可以视情况根据商标注册申请人与上述代理人或者代表人之间的特定身份关系等进行推定。

（13）代理人或者代表人不得申请注册的商标标志，不仅包括与被代理人或者被代表人商标相同的标志，也包括相近似的标志；不得申请注册的商品既包括与被代理人或者被代表人商标所使用的商品相同的商品，也包括类似的商品。

（14）人民法院在审理商标授权确权行政案件中判断商品类似和商标近似，可以参照《最高人民法院关于审理商标民事纠纷案件适用法律若干问题的解释》的相关规定。

（15）人民法院审查判断相关商品或者服务是否类似，应当考虑商品的功能、用途、生产部门、销售渠道、消费群体等是否相同或者具有较大的关联性；服务的目的、内容、方式、对象等是否相同或者具有较大的关联性；商品和服务之间是否具有较大的关联性，是否容易使相关公众认为商品或者服务是同一主体提供的，或者其提供者之间存在特定联系。《商标注册用商品和服务国际分类表》《类似商品和服务区分表》可以作为判断类似商品或者服务的参考。

（16）人民法院认定商标是否近似，既要考虑商标标志构成要素及其整体的近似程度，也要考虑相关商标的显著性和知名度、所使用商品的关联程度等因素，以是否容易导致混淆作为判断标准。

（17）要正确理解和适用《商标法》第31条关于"申请商标注册不得损害他人现有的在先权利"的概括性规定。人民法院审查判断诉争商标是否损害他人现有的在先权利时，对于商标法已有特别规定的在先权利，按照商标法的特别规定予以保护；商标法虽无特别规定，但根据《民法通则》和其他法律的规定属于应予保护的合法权益的，应当根据该概括性规定给予保护。

人民法院审查判断诉争商标是否损害他人现有的在先权利，一般以诉争商标申请日为准。如果在先权利在诉争商标核准注册时已不存在的，则不影响诉争商标的注册。

（18）根据商标法的规定，申请人不得以不正当手段抢先注册他人已经使用并有一定影响的商标。如果申请人明知或者应知他人已经使用并有一定影响的商标而予以抢注，即可认定其采用了不正当手段。

在中国境内实际使用并为一定范围的相关公众所知晓的商标，即应认定属于已经使用并有一定影响的商标。有证据证明在先商标有一定的持续使用时间、区域、销售量或者广告宣传等的，可以认定其有一定影响。

对于已经使用并有一定影响的商标，不宜在不相类似商品上给予保护。

（19）人民法院在审理涉及撤销注册商标的行政案件时，审查判断诉争商标是否属于以其他不正当手段取得注册，要考虑其是否属于欺骗手段以外的扰乱商标注册秩序、损害公共利益、不正当占用公共资源或者以其他方式谋取不正当利益的手段。对于只是损害特定民事权益的情形，则要适用《商标法》第41条第2款、第3款及商标法的其他相应规定进行审查判断。

（20）人民法院审理涉及撤销连续三年停止使用的注册商标的行政案件时，应当根据商标法有关规定的立法精神，正确判断所涉行为是否构成实际使用。

商标权人自行使用、许可他人使用以及其他不违背商标权人意志的使用，均可认定属于实际使用的行为。实际使用的商标与核准注册的商标虽有细微差别，但未改变其显著特征的，可以视为注册商标的使用。没有实际使用注册商标，仅有转让或许可行为，或者仅有商标注册信息的公布或者对其注册商标享有专有权的声明等的，不宜认定为商标使用。

如果商标权人因不可抗力、政策性限制、破产清算等客观事由，未能实际使用注册商标或者停止使用，或者商标权人有真实使用商标的意图，并且有实际使用的必要准备，但因其他客观事由尚未实际使用注册商标的，均可认定有正当理由。

## 二、商标合同诉讼

### （一）概述

合同纠纷，是指因合同的生效、解释、履行、变更、终止等行为而引起的合同当事人的争议。合同纠纷的内容主要表现在争议主体对于导致合同法律关系产生、变更与消灭的法律事实以及法律关系的内容存在不同的观点与看法。合同纠纷的范围涵盖一项合同从成立到终止的整个过程。因此，合同纠纷有以下方面：合同的效力，即合同是否有效之争议；合同文字语言理解不一致之争议；合同是否已按约履行之争议；合同违约责任应当由何方承担及承担多少之争议；合同是否能够单方解除之争议。涉及商标合同的争议主要有：商标转让合同争议、许可合同争议、商标质押合同争议等。

### （二）商标转让与许可合同的主要法律问题

1. 合同主体的限制

商标权转让合同的受让方和商标使用合同的被许可方的主体具有一定

的限制。商标权转让合同的受让方和商标使用许可的被许可方限于企业、事业单位、社会团体、个体工商户以及外国人或者外国企业。

2. 商标转让合同和许可合同属于要式合同

转让注册商标的转让人和受让人应当共同向商标局提出申请，并附《商标注册证》复印件一份、转让注册商标合同的副本及其有关文件，转让注册商标经核准后将原《商标注册证》和商标局核准转让的证明文件颁发给受让人，并在《商标公告》上予以公告。

商标许可使用的，许可人和被许可人应当在许可合同签订之日起3个月内，将许可合同副本交送其所在地县级工商行政管理机关存查，由许可人报送商标局备案，并由商标局予以公告。

3. 商标转让的外部条件

（1）商标权的转让是商标脱离企业而转移，在某些情况下可能会引起公众的误认，因为在公众的印象中商标是与提供某种商品或服务的特定企业联系在一起的，对可能产生误认、混淆或者其他不良影响的转让注册商标申请，商标局将不予核准并驳回申请。因此，商标转让以公众不致发生误认、混淆或者有其他不良影响为条件。

（2）为了防止出现在同一类商品或服务上存在不同生产者或服务者使用相同商标的混乱现象和消费者的误认，所以，商标权人转让其注册商标时，应当连同其在同一种或类似商品或服务上注册的其他相同或者近似商标一起转让给同一受让人。

4. 合同的主要内容

商标权转让合同和商标使用许可合同一般应包括下列主要内容：（1）双方当事人的名称、地址、签约日期和地点等；（2）商标名称、图案、国别、注册号、注册商标核定使用的商品或服务的类别和名称；（3）已有的注册商标使用许可状况；（4）价格和支付办法；（5）受让人或被许可人保证商品质量的约定；（6）合同中止和解除的条件及程序；（7）违约责任；（8）法律适用及争议的解决办法。

商标使用许可合同还应订明授权使用的范围，许可使用商标的地域和时间等，商标续展手续及其他保障商标注册效力的手续。

5. 合同履行中的法律问题

（1）商标权转让合同的转让人在合同生效后，在商标的注册有效地域内，不得再在受让商标核定使用的商品或服务上或者类似的商品和服务上使用已转让的商标，否则即侵犯受让人的商标权。转让人如要继续使用，必须与受让方签订商标使用许可合同，取得受让人的授权。

（2）注册商标转让的公告日为受让人享有商标专用权的起始日，受让后的注册商标的有效期自该日起至注册商标有效期届满之日。

（3）在商标使用许可中，许可人应当监督被许可人使用其注册商标的商品质量，被许可人应当保证使用该注册商标的商品质量，被许可人经许可使用他人注册商标的，必须在使用该注册商标的商品上标明被许可人的名称和商品产地。如果被许可人违反法定的或约定的保证质量义务，则许可人有权中止或解除商标使用许可合同。

（4）被许可人不得自行允许其他任何第三人使用该注册商标，除非有商标所有人的明确授权。

（5）许可人在商标使用许可合同有效期间内，应当保证注册商标的有效性，如遇注册商标有效期届满的，应当及时办理续展手续。许可人在自己使用注册商标时还应当符合商标法的规定，避免注册商标因使用不当而被商标局撤销。

### （三）商标权质押合同的主要法律问题

商标权质押即商标专用权质押，是指债务人或者第三人依法将其商标权作为财产权作价出质，将该商标权作为债权担保的民事法律行为。商标权质押时应注意以下几点。

（1）质押登记部门为国家工商行政管理总局商标局。

（2）质权人和出质人要订立书面质押合同。

（3）质权人和出质人共同向商标局提出申请，亲自申请或委托商标代理机构代理。

（4）申请时提交下列材料：

①申请人签字或者盖章的《商标专用权质权登记申请书》；

②出质人、质权人的主体资格证明或者自然人身份证明复印件；

③主合同和注册商标专用权质权合同；

④直接办理的，应当提交授权委托书以及被委托人的身份证明；委托商标代理机构办理的，应当提交商标代理委托书；

⑤出质注册商标的注册证复印件；

⑥出质商标专用权的价值评估报告，如果质权人和出质人双方已就出质商标专用权的价值达成一致意见并提交相关书面认可文件，申请人可不再提交；

⑦其他需要提供的材料。

## 三、商标侵权诉讼

### （一）概述

侵权纠纷是指因侵害他人的合法民事权益所发生的纠纷，如侵害物权、人身权、知识产权、继承权乃至债权等。

商标侵权是指行为人未经商标权人许可，在相同或类似商品上使用与其注册商标相同或近似的商标，或者其他干涉、妨碍商标权人使用其注册商标，损害商标权人合法权益的其他行为。侵权人通常需承担停止侵权的责任，明知或应知是侵权的行为人还要承担赔偿的责任。情节严重的，还要承担刑事责任。

### （二）商标侵权的表现形式

《商标法》第52条、《商标法实施条例》第50条、《最高人民法院关于审理商标民事纠纷案件适用法律若干问题的解释》第1条，规定了商标侵权行为的几种表现形式。

（1）假冒或仿冒行为。

（2）销售侵犯商标权的商品。这类侵权行为的主体是商品经销商，无论行为人主观上是否有过错，只要实施了销售侵犯注册商标专用权的商品的行为，都构成侵权。《商标法》第56条第3款规定：销售不知道是侵犯注册商标专用权的商品，能证明该商品是自己合法取得的并说明提供者的，不承担赔偿责任。

（3）伪造、擅自制造他人注册商标标识或者销售伪造、擅自制造的注册商标标识。

（4）未经商标注册人同意，更换其注册商标并将该更换商标的商品又投入市场，这种行为又称为反向假冒行为、撤换商标行为。

（5）给他人的注册商标专用权造成其他损害的行为，包括以下几类：

①在同一种或者类似商品上，将与他人注册商标相同或者近似的标志作为商品名称或者商品装潢使用，误导公众的；

②故意为侵犯他人注册商标专用权行为提供仓储、运输、邮寄、隐匿等便利条件的；

③将与他人注册商标相同或者相近似的文字作为企业的字号在相同或者类似商品上突出使用，容易使相关公众产生误认的；

④复制、模仿或者翻译他人注册的驰名商标或其主要部分在不相同或者不相类似商品上作为商标使用，误导公众，致使该驰名商标注册人的利益可能受到损害的；

⑤将与他人注册商标相同或者相近似的文字注册为域名，并且通过该域名进行相关商品交易的电子商务，容易使相关公众产生误认的。

### （三）发现被侵权后的处理方式

1. 注意收集证据

只有在证据充足的情况下，才有利于行政执法机关或司法审判机关对某一行为是否是侵权行为尽快地加以认定。因此，证据是影响案件办理结果的先决条件，发现商标被侵权后，权利人的首要任务是注意收集证据。

概括地说，证据主要指以下几类：

（1）被侵权人的在先权利证明文件（包括商标注册证、专利证书、版权登记证明、与案件有关的获奖情况证明等）。

（2）被侵权人的产品样本。

（3）侵权产品样本。

（4）购买侵权产品的证明，主要是指购买发票。在发票上一定要注明侵权产品名称、购买侵权产品的地点、侵权产品的价格、销售人的名称等事项。

2. 咨询专业机构

商标侵权的处理具有很强的专业性，权利人向专业机构咨询，专业人士会对案件进行初步分析，并对细节问题提供专业建议。

对侵权案件的处理一般有两种途径：

（1）行政查处。权利人可以申请行政查处，但是单独使用这一方法，很难将法律赋予投诉人的权利用尽，尤其是损害赔偿问题。一般来说，侵权行为人因实施了侵权行为会给被侵权人带来经济上的损失，同时投诉人为制止侵权行为会投入一定的资金和人力，许多企业都希望侵权行为人因实施了侵权行为对被侵权人提供一定的经济赔偿，以弥补被侵权人所遭受的损失。由于通过行政机关请求赔偿，在执行过程中存在一定的难度，因此，被侵权人权利不能用尽。

（2）诉讼程序。诉讼程序的查处力度大，投诉人可以依据有关法律规定，要求侵权行为人对其实施的侵权行为给被侵权人造成的损失予以赔偿。但诉讼程序相对复杂，投诉人很难在没有专业律师的协助下单独实施。

具体采取哪种途径来处理，应根据不同案件具体情况具体分析。

3. 制作投诉书或起诉书

投诉书或起诉书的制作要注意将事实和语气有效地结合在一起，以利于案件的顺利进行。投诉书或起诉书是影响案件进程的最直接因素，建议委托专业人士来完成。

同时我国《商标法》明文规定,"外国人或者外国企业在中国申请商标注册和办理其他商标事宜的,应当委托国家指定的组织代理"。换言之,外国人或外国企业在中国境内办理商标侵权案件,应委托我国国家指定的组织代理。

4. 请求工商部门处理

根据我国法律规定,被侵权人可以向县级以上工商行政管理部门要求处理,有关工商行政管理部门有权责令侵权人立即停止侵权行为,赔偿被侵权人的损失,赔偿额为侵权人在侵权期间因侵权所获得的利润或者被侵权人在被侵权期间因被侵权所受到的损失。侵犯注册商标专用权,未构成犯罪的,工商行政管理部门可以处以罚款。当事人对工商行政管理部门责令停止侵权行为、罚款的处理决定不服的,可以在收到通知15天内,向人民法院起诉;期满不起诉又不履行的,由有关工商行政管理部门申请人民法院强制执行。

此外,对侵犯注册商标专用权的,被侵权人也可以直接向人民法院起诉。假冒他人注册商标,构成犯罪的,除赔偿被侵权人的损失外,依法追究刑事责任。伪造、擅自制造他人注册商标标识或者销售伪造、擅自制造的注册商标标识,构成犯罪的,除赔偿被侵权人的损失外,依法追究刑事责任。销售明知是假冒注册商标的商品,构成犯罪的,除赔偿被侵权人的损失外,依法追究刑事责任。

### (四) 商标侵权诉讼程序

当商标权人的注册商标专用权被他人侵犯,商标权人在掌握一定被侵权证据后,可向侵权行为发生地所属的中级人民法院起诉,以维护自己的商标权。

1. 商标诉讼主要程序

立案→证据保全、文件送达被告→财产保全→被告在15日(30日)内答辩→证据交换→开庭审理→作出判决。

2. 所需材料

（1）授权委托书。商标权人为国外及我国港澳台地区的公民的，其授权委托书需在中国大陆公证处进行公证或在其所属国/所属地区进行公证后，再在中国大陆进行认证。

（2）民事诉讼状。

（3）证据保全申请（可选）。如果商标权人觉得有必要对侵权人的侵权证据进行诉前证据保全，需提交证据保全申请。

（4）财产保全申请（可选）。如果商标权人觉得有必要对侵权人的财产（如侵权人的注册商标等）进行保全，需提交财产保全申请，并缴纳相应担保金。

（5）商标权人的权利证明。其主要包括：商标注册证（如指定颜色的须提交商标注册证的原件）及续展手续。如果是国际商标注册，则需由国家商标局发布该国际注册在中国有效的证明。如果是驰名商标，需提供驰名商标认证书。

（6）侵权证据。被告实施侵犯商标权行为的证据，主要包括被告生产的被控侵权产品及销售发票、买卖合同、视听资料等。在原告不能获得被控侵权产品时，销售被控侵权产品的发票、合同也可以作为直接证据使用。

（7）侵权人基本情况证明。其包括侵权人确切的名称、地址等情况；如果侵权人是法人，需要提供工商行政管理局出具的工商登记资料。

**（五）诉前禁令**

《中华人民共和国商标法》第57条规定："商标注册人或者利害关系人有证据证明他人正在实施或者即将实施侵犯其注册商标专用权的行为，如不及时制止，将会使其合法权益受到难以弥补的损害的，可以在起诉前向人民法院申请采取责令停止有关行为和财产保全的措施。"通常法院必须在48小时内作出决定，也有特殊情况延长时间的。目前多数法院对诉前禁令采取审慎态度，不排除个别法院比较积极。

人民法院可以责令申请人提供担保，申请人不提供担保的，驳回申请。在人民法院采取保全措施后 15 日内，申请人必须向人民法院提起诉讼，否则人民法院将解除保全措施。

### （六）赔偿数额

《中华人民共和国商标法》第 63 条规定：侵犯商标专用权的赔偿数额，按照权利人因被侵权所受到的实际损失确定；实际损失难以确定的，可以按照侵权人因侵权所获得的利益确定；权利人的损失或者侵权人获得的利益难以确定的，参照该商标许可使用费的倍数合理确定。对恶意侵犯商标专用权，情节严重的，可以在按照上述方法确定数额的 1 倍以上 3 倍以下确定赔偿数额。赔偿数额应当包括权利人为制止侵权行为所支付的合理开支。

人民法院为确定赔偿数额，在权利人已经尽力举证，而与侵权行为相关的账簿、资料主要由侵权人掌握的情况下，可以责令侵权人提供与侵权行为相关的账簿、资料；侵权人不提供或者提供虚假的账簿、资料的，人民法院可以参考权利人的主张和提供的证据判定赔偿数额。

权利人因被侵权所受到的实际损失、侵权人因侵权所获得的利益、注册商标许可使用费难以确定的，由人民法院根据侵权行为的情节判决给予 300 万元以下的赔偿。"侵犯商标专用权的赔偿数额，为侵权人在侵权期间因侵权所获得的利益，或者被侵权人在被侵权期间因被侵权所受到的损失，包括被侵权人为制止侵权行为所支付的合理开支。前款所称侵权人因侵权所得利益，或者被侵权人因被侵权所受损失难以确定的，由人民法院根据侵权行为的情节判决给予 50 万元以下的赔偿。销售不知道是侵犯注册商标专用权的商品，能证明该商品是自己合法取得的并说明提供者的，不承担赔偿责任。"

### （七）审理期限

民事诉讼一审的审限为 6 个月，经人民法院院长批准可以延长 6 个月，所以通常一个案件大约需要1年才能完成。

### (八) 后续程序

当事人不服一审判决，可在15日（涉外诉讼30日）内上诉，二审审限为3个月，人民法院院长批准可以延期3个月，在实践中，存在超过6个月审限的例子。需要说明的是，涉外案件可以不受审限限制。

## 四、商标行政诉讼

行政诉讼是指当事人认为自己权益受到行政行为的损害，就该行政行为提起的诉讼。商标行政诉讼主要包括"对相关裁决不服提起行政诉讼"和"对行政处罚不服提起行政诉讼"两类案件。

### (一) 对相关裁决不服提起行政诉讼

对商评委作出的驳回复审裁决、异议复审裁决、商标争议裁决等不服的，可向北京知识产权法院提起行政诉讼。

1. 法律依据

(1)《商标法》第34条规定：对驳回申请、不予公告的商标，商标局应当书面通知商标注册申请人。商标注册申请人不服的，可以自收到通知之日起15日内向商标评审委员会申请复审。商评委应当自收到申请之日起9个月内作出决定，并书面通知申请人。有特殊情况需要延长的，经国务院工商行政管理部门批准，可以延长3个月。当事人对商评委的决定不服的，可以自收到通知之日起30日内向人民法院起诉。

(2)《商标法》第35条规定：商标局作出不予注册决定，被异议人不服的，可以自收到通知之日起15日内向商评委申请复审。商评委应当自收到申请之日起12个月内作出复审决定，并书面通知异议人和被异议人。有特殊情况需要延长的，经国务院工商行政管理部门批准，可以延长6个月。被异议人对商评委的决定不服的，可以自收到通知之日起30日内向人民法院起诉。人民法院应当通知异议人作为第三人参加诉讼。

（3）《商标法》第 54 条规定：对商标局撤销或者不予撤销注册商标的决定，当事人不服的，可以自收到通知之日起 15 日内向商标评审委员会申请复审。商标评审委员会应当自收到申请之日起 9 个月内作出决定，并书面通知当事人。有特殊情况需要延长的，经国务院工商行政管理部门批准，可以延长 3 个月。当事人对商标评审委员会的决定不服的，可以自收到通知之日起 30 日内向人民法院起诉。

2. 案件类型

（1）对于商标局驳回申请、不予公告的商标，申请人可以向商评委申请复审，由商评委作出决定。如果对商评委的决定不服的，可以向人民法院起诉。

（2）对商标局初步审定、予以公告的商标提出异议的，由商标局作出裁定。如果对商标局的裁定不服，当事人可以向商标评审委员会申请复审，由商评委作出裁定。当事人对商评委的裁定不服的，可以向人民法院起诉。

（3）商评委作出维持或者撤销注册商标的裁定后，如果当事人对商评委的裁定不服的，可以向人民法院起诉。

（4）对商标局撤销注册商标的决定，当事人不服的，可以向商评委申请复审，由商评委作出决定。当事人对商评委的决定不服的，可以向人民法院起诉。

3. 立案材料

（1）裁定书原件、代理委托书、律师所函或代理公司函、起诉状、证据材料等。

（2）身份证明：申请人为自然人的，提供个人身份证复印件；申请人为企业的，提供企业营业执照复印件、组织机构代码证复印件及法人身份证明。

（3）诉讼委托书：如果委托专业的商标代理人或者律师诉讼的，需要提供诉讼委托书。内容包括委托人及诉讼代理人的身份信息、联系方式及授权范围,其中授权范围包含一般授权和特别授权,必须将特别授权的具体内容写详细。

(4) 起诉状:须包含明确的被告、案由、诉讼请求、诉讼事由及法律依据等内容。

(5) 立案证据:在立案时需要提供行政机关作出的行政法律文书,用以证明案由;也可以同时将用以支持诉讼观点的所有证据一起提交。如果原告起诉材料符合法律规定,法院作出立案决定,并通知原告在法定期限内提交证据。

4. 注意事项

(1) 一般案由:商标异议复审裁定、商标驳回复审裁定、商标争议裁定、商标撤销裁定、行政复议决定等。

(2) 被告答辩:法院将原告起诉状副本发送给被告,被告向法院提出答辩状和作出应诉行为的证据和依据。

(3) 审理期限:法院将答辩状副本发送给原告,并通知开庭日期。行政诉讼案件一般情况3个月内审结。

### (二) 对行政处罚不服提起行政诉讼

当事人对工商行政管理机关就下列7项行为处罚不服的,可以提起行政诉讼:

(1) 使用注册商标的商品粗制滥造,以次充好,欺骗消费者的;

(2) 国家规定必须使用注册商标的商品,没有使用注册商标在市场上销售的;

(3) 未注册商标冒充注册商标使用的;

(4) 使用的商标属于《商标法》第8条规定,不得作为商标使用的文字、图形的;

(5) 侵犯注册商标专用权,工商行政管理机关责令停止侵权行为、罚款;

(6) 对有毒、有害并且没有使用价值的商品予以销毁的;

(7) 封存或者收缴商标标识的。

# 专利篇

电子商务领域是在计算机和网络技术高速发展的基础上产生的技术领域，涉及网络购物、网络营销、电子支付、交易数据统计与管理等技术分支。随着技术成熟度和商业活跃度双方面的发展，电子商务类企业的成功与否越来越多地依赖于潜在客户的挖掘和用户体验的改善，因此，近年来电子商务领域的专利申请也越来越多地引入数据挖掘、传输处理、知识推理等技术手段，以改善企业经营状况或管理效果。本篇介绍国内国外专利申请流程、国家法律法规中主要的专利保护条款、专利权保护、专利权转让及实施许可等共性事务的实务操作办法，同时介绍商业模式申请专利的建议、收到电商专利投诉后的处理办法等电子商务领域特有的专利实务操作办法。

# 第五章 专利申请

## 一、国内专利申请

国内专利申请有三种类型，分别是发明、实用新型和外观设计。

发明，是指对产品、方法或者其改进所提出的新的技术方案。实用新型，是指对产品的形状、构造或者其结合所提出的适宜实用的新的技术方案。外观设计，是指对产品的形状、图案或者其结合以及色彩与形状、图案的结合所作出的富有美感并适于工业应用的新设计。

电子商务是以商务活动为主体，以计算机网络为基础，以电子化方式为手段，在法律许可范围内所进行的商务活动交易过程。下面以互联网公司阿里巴巴为例对电子商务领域的专利申请情况做一简析。

截至2017年3月3日，阿里巴巴公司在中国公开的专利约有7940件，其中发明7051件，实用新型29件，外观设计981件，如表5-1所示。

表5-1 阿里巴巴公司电子商务类专利申请情况

| 申请类型 | 申请量（件） |
| --- | --- |
| 发　明 | 7051 |
| 实用新型 | 29 |
| 外观设计 | 981 |

表5-2为阿里巴巴公司主要的申请分布情况，其中的分类号精确到

小类。

表 5-2　阿里巴巴公司电子商务类专利申请 IPC 分类号统计

| 主分类号 | 发明（件） | 实用新型（件） |
| --- | --- | --- |
| G06F | 4391 | 10 |
| G06Q | 1206 | 0 |
| H04L | 2068 | 4 |
| G06K | 254 | 4 |
| H04W | 196 | 2 |

说明：

G06F：电数字数据处理；

G06Q：专门适用于行政、商业、金融、管理、监督或预测目的的数据处理系统或方法；其他类目不包含的专门适用于行政、商业、金融、管理、监督或预测目的的处理系统或方法；

H04L：数字信息的传输，例如电报通信；

G06K：数据识别；数据表示；记录载体；记录载体的处理；

H04W：无线通信网络。

由表 5-1 可以看出，阿里巴巴公司的申请以发明为主，实用新型只占很少量，有一小部分是外观设计。造成这一现象的主要原因与我国的专利制度有关。我国发明专利的保护对象和实用新型的保护对象有所不同，发明既保护产品又保护方法，而实用新型只保护产品，而且该产品是经过工业方法制造的有确定形状和构造，并占据一定空间的实体。由于电子商务是基于网络所进行的，这从客观上就将一部分方案排除在实用新型的保护范围之外。

从 2014 年 5 月 1 日起，我国开始对包含图形用户界面（GUI）产品的外观设计给予专利保护。图形用户界面，又称图形用户接口（Graphical User Interface，GUI）是指采用图形方式显示的计算机操作环境用户接口。与早期计算机使用的命令行界面相比，图形界面对于用户来说更简便易用。阿里巴巴公司的 860 件外观设计中，有 628 件属于图形用户界面 GUI。

由表 5-2 可以看出，阿里巴巴在国内的申请主要集中在 G06F、

G06Q、H04L，其中 G06F 为电数字数据处理、G06Q 为数据处理系统或方法、G06K 为数据识别和记录载体、H04L 为数字信息的传输、H04W 为无线通信网络，这几个专利申请类别大多离不开计算机软件处理、网络通信、数据传输等无形资源的支持，这也是阿里巴巴公司专利申请类型以发明为主的重要原因。

表 5-3　2005~2016 年阿里巴巴专利申请量

（件）

| 申请年度 | 申请量 | 申请年度 | 申请量 | 申请年度 | 申请量 |
| --- | --- | --- | --- | --- | --- |
| 2005 | 1 | 2009 | 277 | 2013 | 459 |
| 2006 | 56 | 2010 | 275 | 2014 | 1511 |
| 2007 | 125 | 2011 | 795 | 2015 | 3135 |
| 2008 | 154 | 2012 | 869 | 2016 | 1338 |

注：以上数据统计截至 2017 年 9 月 6 日公布的专利数量。

由表 5-3 可以看出，阿里巴巴公司专利申请量总体呈逐年递增趋势，特别是 2014 年、2015 年增幅非常大。这与电子商务的发展及阿里巴巴自身的发展有关。

**（一）专利申请的时机**

专利申请一般在产品或方法公开之前进行，公开方式包括出版物公开、使用公开和以其他方式公开三种，均无地域限制。其他方式公开主要是指口头公开等。

**（二）专利申请类型的确定**

申请类型的确定可从以下几个方面考虑。

（1）保护客体。发明、实用新型、外观设计的保护对象有所不同，方法的创新及改进只能申请发明专利；产品及产品的相关形状及结构的改进既能申请发明专利也能申请实用新型专利；而外观设计专利，是对产品形状、图案或者其结合以及色彩与形状、图案的结合所作出的富有美感并适用于工业上应用的新设计。申请人在确定专利申请类型时，建议首先考虑三种类型专利保护客体的差异，作为确定专利类型的主要依据。

（2）创造性。发明专利的创造性是指与现有技术相比，具有突出的实质性特点和显著的进步；实用新型的创造性是指与现有技术相比，具有实质性特点和进步。发明的创造性比实用新型的创造性要求高。申请人可以根据对拟申请专利的技术方案的创造性的预判，来确定申请发明专利或者实用新型专利。

（3）技术方案的公开时间。一般在产品或方法公开之前，应当进行专利申请。另外，专利制度的本质是"用公开换保护"，进而促进技术创新，因此，申请人在考虑专利类型时还应当考虑申请专利后，专利内容公开时间对产品上市、海关备案、竞争对手获知专利内容后的竞争性影响等。由于实用新型、外观设计与发明专利的审查周期不同，实用新型、外观设计的审查周期一般为6个月左右；而发明专利的审查周期为1~2年，在必要的情况下，也可多类型同时申请，比如一个产品或方案同时申请发明、实用新型和外观设计。

（4）产品的生命周期。专利权作为一种私有权，具有时间属性。发明专利的保护期限是自申请日起20年，实用新型及外观设计的保护期限是自申请日起10年。因此，仅从保护期限来考虑的话，如果产品的生命周期在10年内，可以考虑申请实用新型或外观设计专利；如果产品的生命周期在10年以上，则建议申请发明专利。

（三）专利的挖掘

专利挖掘就是从创新成果或已有技术方案中提炼出可以通过专利来进行保护的技术创新点和方案的过程。

在对电子商务保护客体有一定了解的基础上，通常可按照以下两种方式进行专利挖掘。

1. 从项目任务出发

该途径是从一个整体项目的任务出发，按以下次序进行：

(1) 找出完成任务的组成部分；

(2) 分析各组成部分的技术要素；

(3) 找出各技术要素的创新点；

(4) 根据创新点总结技术方案。

2. 从某一创新点出发

该途径是从某一个创新点出发，按以下次序进行：

(1) 找出该创新点的关联因素；

(2) 找出各关联因素的其他创新点；

(3) 根据其他创新点总结技术方案。

挖掘完成后会形成若干技术方案，这些技术方案中多数是符合专利授权要求的技术方案，由此产生大量的专利申请素材，企业专利管理部门可以在此基础上分析筛选，确定专利申请的主题、类型、专利组合方式等，并根据产品市场战略选定目标申请国家。

上述两种挖掘途径的出发点不同，可以根据不同的出发点选择使用。两者可以单独使用，也可以联合使用，即在采用第一种途径挖掘到许多创新点后，再以各创新点作为起点，用第二种途径继续挖掘更多的创新点。

**（四）交底书的准备**

专利交底书，是申请人提供给专利代理人的技术资料，将拟申请专利的技术方案向专利代理人交底，作为专利代理人撰写专利申请文件的依据。通常发明和实用新型专利的交底书应当包括以下内容：

1. 发明名称

2. 背景技术

写明对本发明或者实用新型的理解、检索、审查有用的背景技术；有可能的话，引证反映这些背景技术的文件；选取1~2项与本发明较为接近的技术进行说明。

如果本发明是基于背景技术的改进，则在说明书背景技术部分中，还要客观地指出背景技术中存在的问题和缺点，但是，仅限于涉及由发明或者实用新型的技术方案所解决的问题和缺点。在可能情况下，说明存在这种问题和缺点的原因以及解决这些问题时曾经遇到的困难。

如果本发明是为解决某一技术问题提供了另一种解决途径，则只需要对现有的技术进行介绍。

3. 解决方案

写明发明或者实用新型所要解决的技术问题以及解决其技术问题采用的技术方案。

如果是方法发明，按照发生的先后顺序，写明方法的各个步骤；如果是产品发明，说明产品的结构及工作原理，产品的结构包括组成产品的各个部件、各个部件的形状、位置及部件间的连接关系。

4. 有益效果

写明发明或者实用新型与现有技术相比所具有的有益效果。通常，有益效果可以由产率、质量、精度和效率的提高，能耗、原材料、工序的节省，加工、操作、控制、使用的简便，环境污染的治理或者根治，以及有用性能的出现等方面反映出来。

有益效果可以通过对发明或者实用新型结构特点的分析和理论说明相结合，或者通过列出实验数据的方式予以说明，不应只断言发明或者实用新型具有有益的效果。

（五）申请文件的撰写及提交

专利申请文件是申请人向国家知识产权局提出专利申请的文件，是专利申请人请求获得法律保护的凭证，仅了解专利申请文件写法或一般常识，不具有长期撰写经验的人很难写出高质量的专利申请文件。实践中，建议专利申请文件至少要从发明人、审查员、竞争对手（申请宣告专利无效）的角度进行审核，发现有不合理的问题时，应及时修改，进一步完善专利申请文件。

为了撰写出高质量的专利申请文件，建议企业委托专利代理机构进行撰写，专利申请的一般流程如图5-1所示。

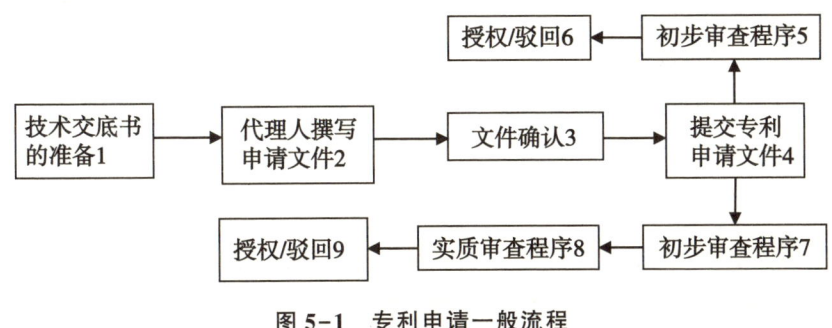

图 5-1 专利申请一般流程

图 5-1 所示为专利申请的一般流程,其中发明专利比实用新型和外观设计多一个实质审查程序的环节,发明专利的申请流程依次经过 1、2、3、4、7、8、9,实用新型和外观设计的申请流程依次经过 1、2、3、4、5、6。

### (六) 补正及审查意见的答复

申请文件的补正产生于初步审查程序;审查意见通知书大多产生于实质审查程序,只有一小部分产生于初步审查程序。需要提醒的是,实用新型初步审查程序中经常也有发出审查意见通知书的情形。

在实践中,补正及审查意见的答复建议委托代理机构进行,企业主要做好配合及审核把关等工作,并应注意在补正及审查意见通知书指定的期限内完成。

### (七) 专利申请的驳回复审

根据专利法的规定,在收到专利局作出的驳回决定之日起 3 个月内,专利申请人可以向专利复审委员会提出复审请求;提出复审请求的期限不符合规定的,复审请求不予受理。

专利申请的复审建议委托代理机构进行,企业主要做好配合工作,在指定的期限内完成复审的提出及缴纳相应的复审费用。

## (八) 专利权的授予及终止

1. 专利权的授予

发明专利申请经实质审查、实用新型和外观设计专利申请经初步审查，没有发现驳回理由的，专利局作出授予专利权的决定，发出授予专利权的通知书和办理登记手续通知书。

申请人在办理登记手续时，应当按照办理登记手续通知书中写明的费用金额在规定期限内缴纳专利登记费、授权当年的年费、公告印刷费，同时还应当缴纳专利证书印花税。

申请人在规定期限（收到办理登记手续通知书2个月）内办理登记手续的，专利局应当颁发专利证书，并同时予以登记和公告，专利权自公告之日起生效。

2. 专利权的终止

（1）专利权期满终止。发明专利权的期限为20年，实用新型专利权和外观设计专利权期限为10年，均自申请日起计算。期限届满，专利权终止。

（2）专利权人没有按照规定缴纳年费的终止。专利年费滞纳期满仍未缴纳或者缴足专利年费或者滞纳金的，自滞纳期满之日起2个月后审查员发出专利权终止通知书。专利权人未启动恢复程序或者恢复权利请求未被批准的，专利权自应当缴纳年费期满之日起终止。

（3）专利权人放弃专利权。授予专利权后，专利权人随时可以主动要求放弃专利权。

## (九) 著录项目的变更

著录项目（著录事项）包括：申请号、申请日、发明创造名称、分类号、优先权事项（包括在先申请的申请号、申请日和原受理机构的名称）、申请人或者专利权人事项（包括申请人或者专利权人的姓名或者名称、国籍或者注册的国家或地区、地址、邮政编码、组织机构代码或者居民身份

第五章 专利申请

证件号码)、发明人姓名、专利代理事项(包括专利代理机构的名称、机构代码、地址、邮政编码、专利代理人姓名、执业证号码、联系电话)、联系人事项(包括姓名、地址、邮政编码、联系电话)以及代表人等。

其中有关人事的著录项目(指申请人或者专利权人事项、发明人姓名、专利代理事项、联系人事项、代表人)发生变化的,应当由当事人按照规定办理著录项目变更手续,其他著录项目发生变化的,可以由专利局根据情况依职权进行变更。专利申请权(或专利权)转让或者因其他事由发生转移的,申请人(或专利权人)应当以著录项目变更的形式向专利局登记。

著录项目变更手续:需要提交著录项目变更申报书、缴纳著录项目变更手续费,并提交著录项目变更证明文件。

未委托专利代理机构的,著录项目变更手续应当由申请人(或专利权人)或者其代表人办理;已委托专利代理机构的,应当由专利代理机构办理。因权利转移引起的变更,也可以由新的权利人或者其委托的专利代理机构办理。

关于著录项目变更更进一步的说明参见专利审查指南第一部分第一章6.7节。

## 二、专利国际申请

### (一) 巴黎公约途径及流程

巴黎公约途径是指申请人依据外国专利法按照巴黎公约作出的专门规定,在首次提出本国国家专利申请后12个月(发明或实用新型)或6个月(外观设计)内,向外国专利主管部门提出申请,并要求享有优先权的途径。

(1) 主要流程。申请人准备提交材料→向中国国家知识产权局提交申请→向国外专利主管部门提出申请。

（2）所需材料，同国内专利申请。

### （二）巴黎公约途径的优缺点

1. 优点

（1）简单快捷。

（2）适用广泛：发明、实用新型、外观设计三种类型的专利申请，均适用。

如果仅向 4 个以内的外国或地区申请专利，巴黎公约途径更为便捷高效。

2. 缺点

（1）时间短：申请人必须在首次提交专利后的 12 个月或 6 个月内向外国提出专利申请，由于时间紧迫而来不及办理各种事务，有可能会造成申请丧失在外国获得专利权的机会。

（2）准备不充分：在 12 个月或者 6 个月内，申请人通常尚未获知其专利申请相对于现有技术的状况和获得专利权的可能性；申请人一般很难准确地评估其专利的商业价值，因此，无法真正确定是否有必要在目标国取得专利权。

（3）工作繁重：申请人必须在 12 个月或者 6 个月内，分别办理各国的申请手续；必须完成申请文件的各种语言的翻译工作；必须选择和委托中国以及其他各国或地区的专利代理机构或者律师。在向多个国家分别提出申请的情况下，工作量非常大。

（4）费用较大：申请人在 12 个月或者 6 个月内，需要支付各种语言的翻译费；各国或地区的申请费、审查费等多种官费；中国及外国代理机构或者律师的代理费。

### （三）PCT 途径

PCT 是《专利合作条约》（Patent Cooperation Treaty）的简称，PCT 途径是指 PCT 国际申请，是申请人依据本国和国外专利法按照《专利合作条约》，向本国专利主管机关（中国指国家知识产权局）提出一份 PCT 国际申请，由受理局确定申请日，从而在 PCT 所有成员方在申请日起具有正规国家申请的效力，享有同一申请日（优先权日），申请人可以在申请日（有优先权的指优先权日）起 30 个月内，最长 32 个月内，向欲获得专利的国家或地区提交专利申请。

每件 PCT 国际申请（个别的除外）都会经过国际检索程序，这个程序是封闭式进行的，不接受非明显错误的修改文件。

### （四）PCT 途径的优势

（1）简化提出申请的程序：申请人可使用自己熟悉的语言（中文或英文）撰写申请文件，并直接递交到国家知识产权局；

（2）推迟决策时间：巴黎公约途径，申请人需要在首次提出申请后的 12 个月内进入各个国家或地区，而 PCT 途径，则需要在首次申请提出后的 30 个月内办理进入各个国家或地区的手续；

（3）专利性的评价：申请人根据检索报告，初步评估专利申请的新颖性和创造性；

（4）延迟费用的支出，准备时间充裕：根据需要，自申请日（优先权日）起 30 个月内主动办理进入国外国家或地区的手续，提交文件和各种费用；

（5）完善申请文件：申请人可根据国际检索报告和专利性国际初步报告，修改完善申请文件。

### （五）PCT 国际申请的流程

PCT 国际申请分为两个阶段，即国际阶段和国家阶段，申请的提出、国际检索和国际公布在国际阶段完成，如果申请人要求，国际阶段还包括初步审查程序。是否授予专利权的工作是在国家阶段由被指定/选定的各个国家或地区专利主管部门完成。

1. PCT国际申请的流程图

PCT国际申请的总体流程见图5-2。

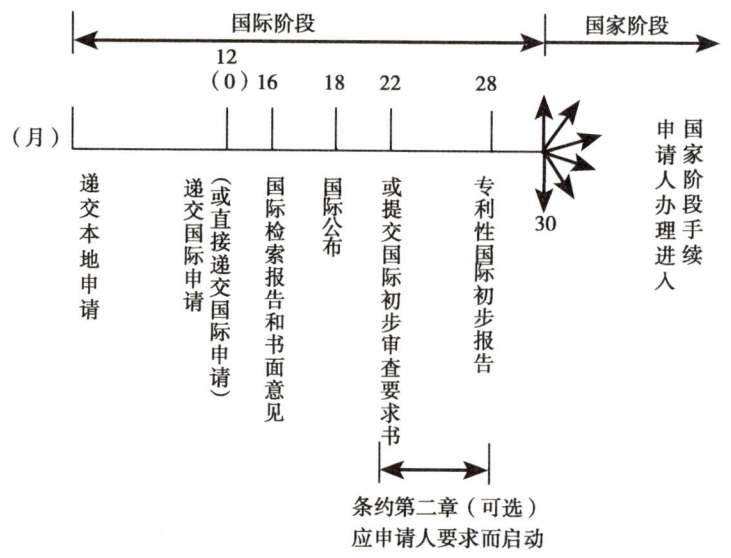

图5-2　PCT国际申请流程

2. PCT国际阶段的程序

申请人只要满足以下条件之一,就可向中国国家知识产权局提出国际申请:

(1) 中国的公民或法人;

(2) 在中国境内有长期居所的外国人或在中国工商部门注册的外国法人;

(3) 若有多个申请人,只要其中一个申请人满足(1)或者(2)即可;针对不同的国家或地区可以指定不同的申请人。

3. PCT国际申请所需文件及要求

(1) 申请人:必须满足向国家知识产权局提交申请的资格;

(2) 语言:使用规定的语言撰写申请文件,国家知识产权局接受两种语言——中文或英语;另外,递交的文件语言必须一致,请求书和说明书语言不一致的，以说明书为准，补交请求书；

（3）申请书：提交国际局统一制定的请求书，填写必须完整，必须写明申请人和发明人信息等；

（4）说明书：同国内申请；

（5）权利要求书：同国内申请；

（6）其他文件：

①附图，如有必要，应提交附图，后补交的附图会使国际申请日改变，可能导致优先权日逾期；

②摘要；

③委托书：委托代理机构的，需要提交委托书；

④涉及核苷酸/氨基酸序列时，用物理数据载体提交电子形式的序列表等。

4. 注意事项

所有国际阶段的文件只需要提交一式一份；

专利法规定，申请人提出国际申请的，事先要报经国务院行政部门进行保密审查，对未经保密审查直接向国际局提出PCT申请的，在中国申请专利的不授予专利权；

向中国国家知识产权局直接提交PCT国际申请的不用交保密审查申请。

5. PCT国际申请文件的提交方式

应当提交到中国国家知识产权局专利局受理处PCT组，可以通过面交、邮寄、传真、PCT-SAFE电子提交等方式提交，国际申请日的确定以受理局收到满足要求的申请文件为准。

6. PCT国际公布程序

自申请日（优先权日）起18个月后由世界知识产权组织国际局公布，申请人在向国际局缴纳费用的情况下，可要求提前公布。国际公布使申请人在指定国家或地区获得临时保护，不过该保护是有条件的：以提交译文为准；以收到PCT国际公布副本为准；在提前公布时，以18个月期限届满为准。

7. PCT 国际初步审查程序

这一程序不是必经程序,而是应申请人的要求启动的,一般情况下,检索单位和初步审查单位是相同的,如果不做修改,就没有必要提交国际初步审查。一般情况下,申请人会根据国际检索报告的结果,提交国际初步审查的同时,修改申请文本并提交。

启动国际初步审查程序的,申请人应办理以下手续。

(1) 期限:自国际检索报告或宣布不制定国际检索报告的发文日起 3 个月,或自优先权日起 22 个月,以后到期的为准;

(2) 缴费:自提交国际初步审查要求书之日起 1 个月或自优先权日起 22 个月内缴纳初步审查费和手续费,以后到期的为准;

(3) 文件:提交国际初步审查要求书。

8. PCT 国际阶段的修改

PCT 国际阶段申请有两次修改机会。

(1) 依据《专利合作条约》第 19 条的修改:申请人收到国际检索报告后,在规定的期限内向国际局提出针对权利要求的修改,但该修改不应超出原始提出的国际申请中公开的范围。修改期限是自申请人收到国际检索报告之日起 2 个月内或自优先权日起 16 个月内提出,以后到期者为准。

(2) 依据《专利合作条约》第 34 条的修改:启动初步审查程序后可进行的修改。申请人可在规定的期限内对说明书、权利要求书、附图向中国国家知识产权局提出修改,修改期限是提交初步审查请求书起至审查员起草专利性国际初步报告之前。

# 三、有关商业模式申请专利的建议

电子商务活动其本身就是一种商业模式,有些电子商务相关专利是基于商业模式所产生的。基于对中国专利法保护客体的考虑,对于智力活动

的规则和方法是不在专利保护客体之列的,因此,纯粹的商业方法可专利性较低。如:

一种高效促销方法,其特征是:由销售者根据客户购买商品时间先后顺序,按照一定的排列编号,待购买商品客户人数积累到一定数量时,就随机抽取购买商品的客户,并通知领取所购商品价值数倍的奖金或物品,以达到促销的目的。

涉及商业模式的权利要求,如果既包含商业规则和方法的内容,又包含技术特征,则不应当依据《专利法》第25条排除其获得专利权的可能性。基于此,在进行电子商务领域的专利申请挖掘时,可在商业方法的基础上,融入技术方案,以提高可专利性。如果把技术方案再进一步地细化,那么可专利性就更强了。如随着网络的发展,互联网上的信息呈海量增长,从而带来信息过载和信息迷向的问题。对于电子商务用户来说,用户在进行商品查询时,需要花费很长时间才能找到心仪的商品。基于此,电商平台提供如下解决方法:

方案1 一种信息推荐方法:与用户在网上交互,模拟商店销售人员向用户提供商品推荐,帮助用户找到所需商品。

如果以方案1进行专利申请,就很容易落入《专利法》第25条智力活动的规则和方法的范畴。此时,如果将方案1进一步细化,加入实现方案1的技术方案,则专利性增强,也不会落入第25条的范畴,如:

方案2 一种信息推荐方法,包括:
(1)获得客户端的访问信息后,从存储记录中获得与所述访问信息关联的各类关联信息;
(2)获取所述各类关联信息中含有至少两类关联信息的关联信息

组合的出现属性，分别根据每一种关联信息的组合的出现属性计算该种关联信息组合与所述访问信息的关联度；

（3）选择满足条件的关联度对应的关联信息组合，将所述关联信息组合推荐给所述客户端。

# 第六章 专利权的转让与实施许可

## 一、专利权的转让

中国单位或者个人向外国人、外国企业或者外国其他组织转让专利申请权或者专利权的,应当依照有关法律、行政法规的规定办理手续。

转让专利申请权或者专利权的,当事人应当订立书面合同,并向国务院专利行政部门登记,由国务院专利行政部门予以公告。专利申请权或者专利权的转让自登记之日起生效。专利权转让原则上是自由的,但全民所有制单位所有的专利权转让尤其是向外国人转让专利权的,不管是单位还是个人都必须经国务院有关主管部门批准。

转让专利权时,出让人与受让人必须订立书面合同,经专利局登记和公告后生效。登记和公告是对专利权转让合同的强制规定,也就是说,登记和公告是专利权转让合同生效的必要条件之一。因此,在登记和公告之前,即使双方当事人已在转让合同上签字、盖章,转让专利权的行为也不能生效。

关于在专利权共有的情况下如何转让专利权,我国专利法中没有明确规定,此时应当适用《民法通则》关于共有的有关规定和原则。

1. 专利权转让的登记

(1) 流程:签署转让合同—提交材料—受理—审查—审定—批准—告知。

(2) 审查通过并批准的,制作审批文书,通知申请单位;审查未通过或未经批准的,以书面形式告知报审单位并说明理由,同时告知申请人相关权利和救济办法。

2. 专利权转让的流程

根据《专利法》第 10 条规定,专利申请权和专利权都可以转让。专利申请权或专利权转让的流程如下。

第一步:寻找专利转让的途径。

这是专利转让流程中最基本的一个环节,而且非常容易实现。寻找专利转让的方法其实很多,例如可以在专利网站上进行转让,也可以委托专利中介机构,甚至可以自己寻找相关的企业等。

第二步:专利转让人和专利受让人签署专利权转让合同。

这是专利转让流程关键一步。只有专利转让人和受让人双方取得一致的意见才能有效地开展之后的转让相关工作。在转让合同中,对于双方的利益都应该有明确的文字内容。

第三步:双方准备好专利转让需要的相关文件,这些文件应该严格地按照规定的形式进行填写,这样就可以缩短国家知识产权局审核文件的时间,加快审核的速度。

第四步:委托专利代理机构将相关的文件递交给国家专利局。

这是专利转让流程中重要的一个部分。因为只有国家专利局审核通过后才能让专利转让具有法律依据。所以,在这个过程中,委托的专利代理机构会在其中发挥重要的作用,选择适当的专利代理机构也是这一过程中不容忽视的一个细节。

第五步:等待专利转让结果。

国家专利局审查后,会对审查结果作出通知。如果审核通过的话,国家专利局一般会在 1~2 个月内发出专利转让合格通知书,并且可以在国家知识产权局专利库中查询到相关的变更结果。

3. 转让时的注意事项

(1) 避免盲目扩大专利价值。对于专利权的转让标底,应以能够成交为原则,否则很可能合作失败。

（2）避免求快。专利转让是一个法律程序，建议最好委托业内人士（例如律师），进行相关操作，切勿自行随便签订合同。

（3）应把合作放在首位。专利开发的目的，除了是对自己的肯定，更重要的是对社会、对生活有益处和贡献，一项具有一定技术含量和市场容量的专利技术，在没有转化为社会生产力之前，只能是技术，因此实现产业化才是造福社会和人类的最高标准，在某种程度上适当退让和调低一些标底，同样是很必要的，毕竟合作是需要双方拿出诚意的。

（4）作好相关记录。尽可能做好转让过程中的记录，这对于后续问题以及收益分配都是很重要的；在转让之前，不要轻易进行价值评估等操作，尤其是不要轻易根据对方要求进行此类操作，如果确实需要进行评估，尽量明确评估费用担负原则和担负比例，以免上当受骗；在没有完全完成转让手续前，不要轻易交付技术资料和相关图纸等具体信息。

## 二、专利实施许可

专利许可是指专利权人将其所拥有的专利技术许可他人实施的行为。在专利许可中，专利权人称为许可方，允许实施的人称为被许可方，许可方与被许可方要签订专利实施许可合同。这种合同只允许被许可方实施许可方的发明创造专利技术，而不转移许可方的专利所有权。

1. 专利许可的种类

（1）独占许可。独占许可是指在合同约定的时间和地域内，只允许被许可方实施该专利技术，其他任何人不得行使其专利技术，包括专利权人都不能实施。

（2）排他许可。排他许可是指权利人与被允许使用人在合同约定的时间和地域内，只有专利权人和被允许使用人有权使用该专利，其他任何人无权使用该专利。

（3）普通许可。普通许可是指权利人与被允许使用人使用其专利外，权利人还可以允许第三人使用其专利。

（4）交叉许可。交叉许可是指两个专利权人互相允许对方在约定的时间和地域范围内实施彼此的专利。

（5）分许可。分许可是指专利权人和被允许使用人可以使用其专利，同时专利权人和被许可使用人都有权允许其他人使用其专利。

（6）强制许可。强制许可是指国务院专利行政部门根据具备实施条件的单位或个人的申请，可以给予实施发明专利或者实用新型专利的强制许可。

2. 专利许可的手续

被许可方应当与许可方订立书面实施许可合同；

按照约定向许可人支付专利使用费；

专利权人与他人订立的专利实施许可合同，应当自合同生效之日起3个月内向国家知识产权局备案。

# 第七章 专利诉讼

## 一、专利诉讼概述

专利诉讼是指当事人和其他诉讼参与人在人民法院进行的涉及专利权及相关权益的各种诉讼的总称。专利诉讼有狭义和广义理解的区分，狭义的专利诉讼指专利权被授予后，涉及以专利权为标的的诉讼活动；广义的专利诉讼还可以包括在专利申请阶段涉及的申请权归属的诉讼，申请专利的技术因许可实施而引起的诉讼、发明人身份确定的诉讼、专利申请在审批阶段所发生的是否能授予专利权的诉讼以及专利权被授予前所发生的涉及专利申请人以及相关权利人权益的诉讼等。

### （一）专利诉讼的分类

1. 专利权属诉讼

专利权属诉讼是指涉及一项专利申请权或专利权最终归属于何主体的诉讼，主要是指专利申请权归属诉讼和专利权归属诉讼。专利申请权归属诉讼发生在专利申请阶段，专利权归属诉讼发生在专利权授予后。

2. 专利侵权诉讼

专利侵权诉讼是指专利权人因专利权受非法侵害而引发的诉讼。它们可以是单一专利侵权引起的专利侵权诉讼，也可以是伴随其他原因而引起的专利侵权诉讼，如由专利实施许可和专利权转让引起的、由假冒专利引起的、由技术贸易引起的或由平行进口引起的。但其中遇到最多的是单一专利侵权引起的专利侵权诉讼。

3. 专利合同诉讼

专利合同诉讼是指因为不履行或部分履行专利实施许可合同或专利转让合同而引发的诉讼。这类诉讼涉及的事项是合同约定或法律规定的权利和义务。在这类诉讼中，合同当事人的违约行为是引起诉讼的重要原因和事由，专利实施许可合同或转让合同是判断和解决这类诉讼的重要依据。这类诉讼通常应当涉及双方签订的书面许可合同或书面转让合同，也包括构成事实上的专利实施许可或专利转让但没有书面协议的情况。

4. 专利行政诉讼

专利行政诉讼的严格含义是专利行政行为的司法审查诉讼案件，包括当事人因不服专利复审委员会作出的维持驳回专利申请的复审决定或无效宣告请求审查决定而提起的行政诉讼；当事人不服国家知识产权局作出的具体行政行为（包括行政复议决定）而以其为被告的行政诉讼；当事人不服地方知识产权管理部门关于停止侵权行为的处理决定、关于假冒他人专利或冒充专利作出的处罚决定而提起的行政诉讼。

5. 其他有关专利的诉讼

其他有关专利的诉讼包括因发明人或设计人资格而引发的诉讼，职务发明创造实施并取得经济效益后单位不依照法律规定给予发明人或设计人一定报酬或奖励而引发的诉讼等。

### （二）专利诉讼的基本技巧

专利诉讼通常是为了市场竞争，通过专利诉讼抑制竞争对手生产或销售，从而利于专利权人占领市场。在专利诉讼过程中如掌握一些专业技巧，将对权利人在市场竞争中获取优势带来帮助。

1. 研透专利技术

对于技术性很强的专利诉讼，研究分析并真正理解专利技术及相关的技术，是非常重要的。专利诉讼要求当事人（或当事人律师）不仅懂得法律条文及有关规定，更重要的是必须理解专利技术。不懂法律打不好官司，不懂技术同样无法胜任专利诉讼，单从法律条文上是不能解决专利诉讼的所有问题的，特别是在认定某一技术是否构成侵权、是否属于公知技术、是否属于显而易见的技术等，都需要有一定的技术知识。不钻研专利技术是很难胜任专利诉讼的。

2. 收集有效证据

作为专利权人的律师，最重要的是收集侵权的证据，购买到侵权产品固然重要，但有些侵权产品本身就是假冒他人的产品，上面所写的生产厂家并不一定是真正的侵权厂家。因此，最好直接到生产厂家购买涉嫌侵权的产品，必要时可以采取公证取证，或者通过工商行政管理部门或技术监督部门行使其职责时，顺便获取侵权证据。原告取证工作最难的是得到对方生产销售的数额，可以请求法院采取证据保全措施，以获得相关证据。获得侵权与侵权数额的证据是原告取胜的关键。

对于被告一方来说，关键是收集一切可以使原告专利无效的证据，这些证据包括专利文献、销售发票、产品广告、公开使用证明等。虽然产品发票可以作为无效他人专利的证据，但有时仅凭发票还不行，因为发票并没有具体描述产品的形状或技术特征。被告找到足以对原告专利构成威胁的证据，是制胜的关键之一，或是找到证明自己在先使用的有效证据或使用的是自由公知技术的证据，都有可能在诉讼中占据主动。

3. 巧用法律程序

对被告而言，最常用的是反诉对方专利无效，从而争取时间寻求其他抗辩方法。而对于原告，在诉讼之前，最好先行对自己的专利启动无效程序，使专利经过一次"实审"考验，然后再诉他人侵权；或者起诉前先到国务院专利行政主管部门检索一下自己专利的属性，并出具相应的检索报告。这样可以避免被告利用无效程序带来的许多麻烦。专利诉讼中可以应用的法律程序不少，但前提是必须懂得专利申请与审批及无效等基本程序，这样才有可能在诉讼中运用自如。

## 二、专利确权诉讼

专利确权诉讼即通过诉讼的方式进行专利权属确认,属于专利权属纠纷,既涉及职务发明和非职务发明的正确认定,又涉及技术内容本身的新颖性和创造性,还涉及当事人之间错综复杂的关系,取证和判断均存在较大难度。

### (一)法律依据

专利的权属分为两种:(1)在专利申请阶段,即专利申请权的归属;(2)在专利授权以后,即专利权的归属。无论是哪种情况,其判断的法律依据都是《专利法》第6条及《专利法实施细则》第12条。

《专利法》第6条:

> 执行本单位的任务或者主要是利用本单位的物质技术条件所完成的发明创造为职务发明创造。职务发明创造申请专利的权利属于该单位;申请被批准后,该单位为专利权人。
> 
> 非职务发明创造,申请专利的权利属于发明人或者设计人;申请被批准后,该发明人或者设计人为专利权人。
> 
> 利用本单位的物质技术条件所完成的发明创造,单位与发明人或者设计人订有合同,对申请专利的权利和专利权的归属作出约定的,从其约定。

《专利法实施细则》第12条:

> 专利法第六条所称执行本单位的任务所完成的发明创造,是指:
> (一)在本职工作中作出的发明创造;
> (二)履行本单位交付的本职工作之外的任务所作出的发明创造;

## 第七章 专利诉讼

（三）退职、退休或者调动工作后1年内作出的，与其在原单位承担的本职工作或者原单位分配的任务有关的发明创造。

专利法第六条所称本单位，包括临时工作单位；专利法第六条所称本单位的物质技术条件，是指本单位的资金、设备、零部件、原材料或者不对外公开的技术资料等。

### （二）应对办法

1. 收集证据

企业应注意收集以下证据：

（1）入职登记表以及其从入职到离职期间的工资表；

（2）劳动合同、聘任书或任命书；

（3）公司规章制度，董事会有关决议；

（4）员工工作计划和总结。

2. 相关阐述

（1）关于业余时间与上班时间

在发明人与申请人的专利权属纠纷中，发明人一方往往强调自己是用业余时间完成技术方案的。研究开发是一种智力劳动，是人的思维的成果。如果业余时间的研究课题与本职工作中的研究课题相关，则不能用工作时间与业余时间来划分思维劳动的性质。因为，一方面，智力劳动者完全可能在下班后继续其工作中的思维，并且可能把工作中的思维在下班后推向一个飞跃点，这说明下班后的思维劳动是上班工作的继续；另一方面，上班时研究、思维的成果，自然或不自然地会被用在业余的研究项目上。因此，当主题相同或相近时，工作中进行的思考、积累的信息和灵感与业余时间的思考、研究是无法分割的。是否构成职务发明，不能只看是不是用业余时间完成的，更应看是否属于其本职工作。

（2）关于"本单位的物质技术条件"

《专利法》第6条规定，主要是利用本单位的物质技术条件所完成的发明创造为职务发明创造。《专利法实施细则》第 12 条进一步规定，本单位的物质技术条件，是指本单位的资金、设备、零部件、原材料或者不对外公开的技术资料等。其中，资金、设备、零部件和原材料作为本单位的物质技术条件很直观，容易把握。而不对外公开的技术资料则难以把握，并且容易被忽视。

需要注意的是，技术资料和技术资料的载体具有本质区别。不应仅凭发明人是否占有有关技术资料的载体（如图纸、录制有技术内容的磁盘）来认定该技术人员是否利用了本单位的不对外公开的技术资料，这可能让非法占有本单位专利权的人逃脱法律的制裁。然而，技术资料的意义，关键在于其作为一种有价值的信息被谁掌握和利用。技术人员不管是否持有技术图纸或含有技术内容的载体，只要其知道有关技术信息，或者在工作中客观上可以了解到这些信息，这些信息变成了他大脑中的知识，他就有可能进行利用，不管是在本职工作中还是在业余时间。例如，一位总工程师并不直接参与一个项目的开发工作，但该项目开发组的所有成果都向其报告，或者该项目组的所有技术资料都要经过其审签，那么，可以认定他能够得到该项目开发的所有技术成果信息，如果他在该期间或以后的一定时间范围内用业余时间研究出与该项目相关的技术成果，则应该认定他利用了本单位不对外公开的技术资料，因此，其作出的发明创造应被认定为职务发明。

3. 巧用管辖权异议

诉讼虽应重事实重法律，但天时地利也很重要。有些判案人员自觉或不自觉地会对本地人或本地企业产生同情心，从而自觉不自觉地使法律的天平发生倾斜，案件的管辖地对专利权属纠纷案来说也是一个至关重要的因素。选择合适的法院起诉或利用管辖权异议程序变更管辖法院，既可以降低己方的诉讼成本，还有可能影响到诉讼的成败。

2018 年 12 月 28 日，《最高人民法院关于知识产权法庭若干问题的规定》发布，最高人民法院知识产权法庭审理范围包括：不服高级人民法院、知识产权法院、中级人民法院作出的发明专利、实用新型专利、植物新品种、集成电路布图设计、技术秘密、计算机软件、垄断第一审民事案件判决、裁定而提起上诉的案件；不服北京知识产权法院对发明专利、实用新型专利、外观设计专利、植物新品种、集成电路布图设计授权确权作出的第一审行政案件判决、裁定而提起上诉的案件；不服高级人民法院、知识产权法院、中级人民法院对发明专利、实用新型专利、外观设计专利、植物新品种、集成电路布图设计、技术秘密、计算机软件、垄断行政处罚等作出的第一审行政案件判决、裁定而提起上诉的案件等。

知识产权法庭的成立有利于统一和规范裁判尺度，加大知识产权的保护力度。设立知识产权法庭，能够实现专利等技术类知识产权案件的民事案件、行政案件在裁判标准和诉讼程序方面的无缝对接，从机制上统一裁判尺度，提高审判质量和效率，解决审判周期长的问题。这些问题也是我国知识产权司法实践中最受各方关注的问题。

4. 促成和解

通常情况下，专利权属纠纷的当事人一方为企业，另一方为发明人，发明人在该企业供职期间或之后将与该企业业务有关的技术方案申请专利，从而引起双方的争议。这种情况下，一般企业更看重专利的所有权；发明人一方有的愿意放弃专利权，但希望在经济上获得一定补偿。作为企业方的工作人员应根据企业的诉讼意图，有理有节，适时促成双方和解。通常对于企业来说，付出有限的金钱，换取一个确有价值的专利权是值得的。如果双方斗争到底，除了浪费双方时间和精力外，还有可能使诉讼结果朝着与己方所期望的相反方向发展，导致诉讼结果不可控。

# 三、专利侵权诉讼

## （一）简要说明

专利侵权分为直接侵权、间接侵权和共同侵权三类。

1. 直接侵权

直接侵权是指直接由行为人实施的侵犯他人专利权的行为，其表现形式包括以下几种：

（1）制造发明、实用新型、外观设计专利产品的行为；

（2）使用发明、实用新型、外观设计专利产品的行为；

（3）许诺销售发明、实用新型、外观设计专利产品的行为；

（4）销售发明、实用新型、外观设计专利产品的行为；

（5）进口发明、实用新型、外观设计专利产品的行为；

（6）使用专利方法以及使用、许诺销售、销售、进口依照该专利方法直接获得的产品的行为；

（7）假冒他人专利的行为。

2. 间接侵权

间接侵权是指为生产经营目的使用或者销售不知道是未经专利权人许可而制造并售出的专利产品或者依照专利方法直接获得的产品，能证明其产品合法来源的，仍然属于侵犯专利权的行为，需要停止侵害但不承担赔偿责任。

3. 共同侵权

共同侵权是指加害人为二人或二人以上共同侵害他人合法民事权益造成损害，加害人应当承担连带责任的侵权行为。共同侵权行为须有两个或两个以上主体，包括由两个或者两个以上的自然人和法人或者非法人单位构成的情形。我国《民法通则》第130条规定："二人以上共同侵权造成他人损害的，应当承担连带责任。"

### （二）维权准备

1. 是否侵权的对比分析

专利权人认为自己的专利权受到侵害后，应当首先将对方技术与自己的专利技术进行认真的对比分析，看对方的技术特征是否确实落入自己专利的保护范围内，以确定专利侵权是否成立。必要时可委托专利律师对是否构成专利侵权进行分析,提供处理建议,作为决策参考。

2. 权利有效性确认

专利权人还应对自己的专利权专利性进行分析,以确定其有效性。根据我国专利法规定,中国专利局只对发明专利进行实质审查,而对实用新型和外观设计不进行实质审查,只进行初步审查。

鉴于此,对于发明专利,应首先判断其专利权是否有效,然后通过专利授权文本的撰写质量和初步检索得到的对比文件情况,初步判断专利权被无效的可能性;对于实用新型专利和外观设计专利,必须仔细分析"专利三性"。只有该实用新型专利或外观设计专利具有专利性,确实是有效权利的前提下,才宜对专利侵权者采取行动。否则,一旦对方向国家专利局对该实用新型专利或外观设计专利提出专利权无效请求,该实用新型专利或外观设计专利就会因缺乏专利性而被宣告无效。

因此,专利权人应在确认自己的专利权有效、专利侵权成立之后,方可着手进行起诉的准备工作。收集证据是准备工作的重中之重,证据通常包括如下几个方面。

(1) 有关侵权者情况的证据。

侵权者确切的名称、地址、企业性质、注册资金、人员数、经营范围等情况,都是专利权人首先应了解的。了解这些情况对专利权人应对专利侵权应采取的策略是很重要的。

(2) 有关侵权事实的证据。

构成专利侵权的前提是必须要有侵权行为。因此,证明侵权者确实实施了侵犯专利权的行为的证据在处理侵权过程中是至关重要的。相关证据包括侵权物品的实物、照片、产品目录、销售发票、购销合同等。

(3) 有关损害赔偿的证据。

专利权人可以向侵权者要求损害赔偿。要求损害赔偿的金额可以是专利权人所受的损失。但专利权人要提供证据证明因对方的侵权行为,自己专利产品的销售量减少,或销售价格降低,以及其他多付出的费用或少收入的费用等损失。

要求损害赔偿的金额也可以是侵权者因侵权行为所得的利润。专利权人要提供证据，证明侵权者的销售量、销售时间、销售价格、销售成本及销售利润等。以此为依据，计算侵权者所得的利润。

要求损害赔偿的金额还可以是不低于专利权人与第三人的专利许可贸易的专利许可费。为此，专利权人要提供已经生效履行的与第三人的专利许可证协议。

至于侵权者侵权利润的确切证据，有时无法得到。在进行诉讼时，可以先提供一些粗略的证据，待确定专利侵权后，可以请求法院对侵权者进行查账，以确定侵权利润。然后，在此基础上，再计算出侵权者应付的赔偿金额。

### （三）举证责任

所谓举证责任是指引起法律关系发生、变更或者消灭的构成要件事实处于真伪不明状态时，当事人因法院不适用以该事实存在为构成要件的法律，而产生的不利于自己的法律后果的负担。在一般的民事诉讼中举证责任是按照一定标准在原、被告之间分配的，而在专利侵权诉讼中，会出现一种证明责任倒置的情况。《专利法》第61条规定："专利侵权纠纷涉及新产品制造方法的发明专利的，制造同样产品的单位或者个人应当提供产品制造方法不同于专利方法的证明"就是典型的证明责任倒置。

发明专利分为产品发明专利和方法发明专利。由于制造方法只有在产品制造过程中使用，要求权利人进入生产现场进行调查，取得被控侵权人使用了专利方法的证据是比较困难的。因此，从公平原则和诚实信用原则出发，根据证据距离将证明责任予以倒置。这与TRIPS协议的规定是相一致的，也是符合实际情况的，在实践中被广泛应用到各种专利诉讼中。

### （四）专利侵权诉讼策略

1. 起诉地的选择

《最高人民法院关于审理专利纠纷案件适用法律问题的若干规定》第

5条规定，因侵犯专利权行为提起的诉讼，由侵权行为地或者被告住所地人民法院管辖。侵权行为地包括：被控侵犯发明、实用新型专利权的产品的制造、使用、许诺销售、销售、进口等行为的实施地；专利方法使用行为的实施地，依照该专利方法直接获得的产品的使用、许诺销售、销售、进口等行为的实施地；外观设计专利产品的制造、销售、进口等行为的实施地；假冒他人专利的行为实施地。上述侵权行为的侵权结果发生地。第6条规定，原告仅对侵权产品制造者提起诉讼，未起诉销售者，侵权产品制造地与销售地不一致的，制造地人民法院有管辖权；以制造者与销售者为共同被告起诉的，销售地人民法院有管辖权。销售者是制造者分支机构，原告在销售地起诉侵权产品制造者制造、销售行为的，销售地人民法院有管辖权。对于专利侵权案件，如果选择被告的住所地起诉，往往会受到地方保护主义的干扰。按照最高人民法院的司法解释，向侵权行为发生地有管辖权的法院起诉是一个很好的选择。另外，根据具体案情，可结合起诉对象的不同选择最佳的起诉地点，从而有效保护自己的合法权益。

2. 诉讼时机的选择

选择什么样的时机起诉，起诉前是否要发律师函，以及是先谈判后诉讼还是先诉讼后谈判等，也是诉讼开始前要考虑的。时机的选择，有时决定案件的成败。有些情况利用律师函、谈判等手段固定证据是一种非常有效的收集证据的方法。总之，何时诉讼，要根据案情合理选择。

3. 起诉对象的选择

对起诉对象的选择也是专利侵权诉讼能否成功的一个重要方面。《最高人民法院关于审理专利纠纷案件适用法律问题的若干规定》第6条规定："原告仅对侵权产品制造者提起诉讼，未起诉销售者，侵权产品制造地与销售地不一致的，制造地人民法院有管辖权；以制造者与销售者为共同被告起诉的，销售地人民法院有管辖权。销售者是制造者分支机构，原告在销售地起诉侵权产品制造者制造、销售行为的，销售地人民法院有管辖权。"根据这一规定，针对不同案情选择起诉侵权产品制造者还是销售者，抑或将二者列为共同被告是必须研究的问题。对于存在众多侵权者的案件来说，是全部同时起诉以免有些侵权者掩盖证据还是只起诉几个侵权者以达到"敲山震虎"的目的也是要研究的问题。另外，起诉哪些侵权者会降低侵权认定难度、排除地方保护干扰均是应当注意的问题。

### （五）专利侵权诉讼技巧

1. 固定侵权证据

对于原告专利权人一方律师，最重要的是要收集侵权的证据。购买到侵权产品固然重要，但有些侵权产品本身就是假冒他人的产品，上面所写的生产厂家并不一定是真正的侵权厂家。因此，最好直接到生产厂家购买涉嫌侵权的产品，并采取公证取证（必要时进行隐蔽取证），或者通过工商行政管理部门、技术监督部门行使其他职责时，顺便获取侵权证据。获得侵权与侵权数额的证据是原告取胜的关键。

2. 巧用诉前禁令

《专利法》第 66 条规定，专利权人或者利害关系人有证据证明他人正在实施或者即将实施侵犯其专利权的行为，如不及时制止将会使其合法权益受到难以弥补的损害的，可以在起诉前向人民法院申请采取责令停止有关行为的措施。

几乎所有的专利权人都非常关心诉前禁令的问题，因为诉前禁令的效力非常强，几乎所有的专利权人都希望通过诉前禁令的方式使侵权人在诉前停止侵权行为。申请诉前禁令必须具备两个条件：（1）侵权的证据必须是确凿的、清楚的，关于侵权的判定也必须是明显的和有说服力的；（2）要有证据证明。如果不采取诉前禁令，会有无法弥补的损失，但多数案件难以满足后一条件。

3. 合理确定赔偿数额

根据实践，不建议当事人在诉讼中把损害赔偿要求提得过高。《专利法》第 65 条规定：侵犯专利权的赔偿数额按照权利人因被侵权所受到的实际损失确定；实际损失难以确定的，可以按照侵权人因侵权所获得的利益确定。权利人的损失或者侵权人获得的利益难以确定的，参照该专利许可使用费的倍数合理确定。赔偿数额还应当包括权利人为制止侵权行为所支付的合理开支。权利人的损失、侵权人获得的利益和专利许可使用费均难以确定的，人民法院可以根据专利权的类型、侵权行为的性质和情节等因素，确定给予 1 万元以上 100 万元以下的赔偿。《最高人民法院关于审理专利纠纷案件适用法律问题的若干规定》第 20 条规定：人民法院依照《专利法》第 57 条第 1 款的规定追究侵权人的赔偿责任时，可以根据权利人的请求，按照权利人因被侵权所受到的损失或者侵权人因侵权所获得的利益确定赔偿数额。权利人因被侵权所受到的损失可以根据专利权人的专利产品因侵权所造成销售量减少的总数乘以每件专利产品的合理利润所得之积计算。权利人销售量减少的总数难以确定的，侵权产品在市场上销售的总数乘以每件专利产品的合理利润所得之积可以视为权利人因被侵权所受到的损失。侵权人因侵权所获得的利益可以根据该侵权产品在市场上销售的总数乘以每件侵权产品的合理利润所得之积计算。侵权人因侵权所获得的利益一般按照侵权人的营业利润计算，对于完全以侵权为业的侵权人，可以按照销售利润计算。第 21 条规定：被侵权人的损失或者侵权人获得的利益难以确定，有专利许可使用费可以参照的，人民法院可以根据专利权的类别，侵权人侵权的性质和情节，专利许可使用费的数额，该专利许可的性质、范围、时间等因素，参照该专利许可使用费的 1～3 倍合理确定赔偿数额；没有专利许可使用费可以参照或者专利许可使用费明显不合理的，人民法院可以根据专利权的类别、侵权人侵权的性质和情节等因素，一般在人民币 5000 元以上 30 万元以下确定赔偿数额，最多不得超过人民币 50 万元。从目前我国专利审判的实践来看，提出高额的损害赔偿除了新闻炒作外，对当事人没有更多的好处。

总之，在专利维权诉讼中研究专利诉讼策略及技巧是十分必要的，对于不同的专利侵权案件确定有针对性的诉讼策略，才能确保成功维权。

### （六）涉嫌侵权人的应对策略

企业如涉嫌侵犯他人专利权，在遭受权利人起诉后，可以从以下方面考虑应对。

1. 充分检索分析，做到胸中有数

在专利申请过程中，利用文献检索已逐渐广为人知，而在专利侵权诉讼中如何利用文献检索，却鲜为人知。实际上，在侵权诉讼中，对当事人双方来说，做好文献检索都是十分重要的。

在被指控侵权后，进行侵权文献检索的目的，主要在于查明以下情况。

（1）确认侵权客体。

主要确认专利权是否存在，是否有效，专利权何时到期等。

（2）确认权利归属。

主要确认专利权人是谁，对方是否为真正的专利权人或利害关系人，专利权有无继承或转让等事项，以及这些行为是否已办理完成，办事手续是否符合法定要求。

（3）确认现有技术。

主要确认在原告专利申请日之前，有无相同或相似的国内外专利，或者有无与之相同的公知技术。

（4）确认是否侵权。

对比专利权利要求与被控侵权物技术特征的区别，看后者是否有实质性改进。

（5）确认可否无效。

将对方专利权与检索到的现有技术进行对比，作出该专利可否被宣告无效的初步判断。

（6）进行侵权分析。

通过检索得到的文献，对自己制造、销售的产品或方法进行分析，并与原告专利权利要求进行如下对比：

①被对方指控的侵权产品与专利权是否相同或者等同，应当认真研究对方专利的权利要求书，研究该权利要求的内容解释所及的范围或其可能有的各种等同物，需要注意的是，应当站在本领域技术人员的角度进行侵

权分析；

②分析被指控侵权的制造、使用、销售等行为是否属于《专利法》第69条规定的侵权例外的情况。

2. 提出无效宣告请求

判断涉案专利是否无效，在法院指定期限内提出无效宣告请求。

3. 充分利用抗辩

审查实施的技术是否落入涉案专利权利的保护范围，以样品为依托，提出抗辩。

涉嫌侵权人在判断涉案专利是否有效的同时，还应当分析自己实施的技术是否落入该专利权的保护范围。这就需要合理确定该专利权的保护范围，并正确适用"全面覆盖规则，等同替代规则，禁止反悔规则"等专利侵权判定规则，如果判定后认为没有落入该专利权利的保护范围的，涉嫌侵权人可以提出自己的行为不构成侵权的抗辩。

需要指出的是，如果涉嫌侵权人通过分析，认为自己实施的技术落入了涉案专利的保护范围，但涉嫌侵权人有证据证明自己实施的技术属于公开技术的，可以提出公知技术抗辩；此外，如果涉嫌侵权人是专利产品的使用者或者销售者，涉嫌侵权人不知道该产品属于侵权产品，并能举证证明该产品具有合法来源的，可以提出自己只承担停止侵权的责任，而免除赔偿损失的责任。

4. 及时与权利人协商、谈判

被控侵权人收到专利权人的警告函后，一方面应当积极收集证据，全面研究分析；另一方面要及时与专利权人协商、谈判，争取较低的损害赔偿数额，或者以自己认为有利的其他方式解决纠纷，如取得专利权人的实施许可或者交叉许可等。需要指出的是，涉嫌侵权人在与专利权人进行协商、谈判前，收集证据并进行全面研究分析，对在协商、谈判中争取主动权具有重要意义。例如，涉嫌侵权人通过技术分析，认为涉案专利有可能被宣告无效的，就可以此作为谈判的筹码，从而获得对自己有利的谈判结果。

5. 积极应诉

专利权人就侵权纠纷向人民法院起诉的，涉嫌侵权人应当积极应诉。涉嫌侵权人（被告）应当首先对相关法律问题进行审查。例如，原告是否适格、起诉是否在诉讼时效内、受理案件的人民法院是否具有管辖权等，从而决定是否可以提出诉讼主体资格抗辩、诉讼时效抗辩或者管辖权异议。另外，被告可以在答辩期内向专利复审委员会提出无效宣告请求，并通过在答辩中对技术问题的详细分析，说服法官裁定诉讼中止。

总之，专利侵权纠纷融合了复杂的技术问题和法律问题，无论是专利权人还是涉嫌侵权人，都需要通过大量的取证、调查研究分析工作，并结合一定的谈判技巧和诉讼技巧，才能更好地维护自己的合法权益。

6. 在诉讼中积极寻找有利的对策

通过对比研究，如果自己实施的行为确属侵犯了他人专利权，应主动承认错误，以求得谅解，采取必要的措施使矛盾加以解决；如果不属于侵犯专利权或对方的专利权并无专利性可言，可采取其他相应的对策。

（1）利用和解或调解。

如果确实侵犯了他人的专利权，自己又想实施该专利技术，最明智的办法是主动与对方和解。如果专利权人已提出诉讼，也可以在法庭上主动提出调解方案，尽量同对方达成调解协议。如果通过和解或调解，双方能签订专利实施许可合同则更理想。只有在专利权人提出的条件过于苛刻，以至于法院也认为无法满足其要求时，才应主张由法院判决解决纠纷。

（2）据理反驳。

如果确认自己企业根本未侵权，就应据理反驳。在有些情况下，从形式上看似乎侵权，但实际上属于《专利法》第69条侵权例外的情况，可以依法对侵权指控进行反驳。

实践中，经常会出现这样一种情况，一项专利实施许可合同的受让方，突然被第三方指控为侵犯了专利权。在这种情况下，受让方可以提出自己实施的专利技术是从转让方受让而来的抗辩，以使该实施许可合同的转让方作为侵权诉讼的共同被告进入诉讼，以便查清事实，减轻自己的侵权责任。

(3) 利用无效程序。

专利权是由国家知识产权局依据法定的程序审批产生的。而在国家知识产权局的审批过程中，不可能做到绝对全面严格的审查。同时还有其他一些主、客观原因，使得已批准的专利权中有极少数不符合我国专利法规定的条件，这是在所难免的。在这种情况下，为了确保社会公众的利益，各国专利法都规定了补救措施，即专利权无效宣告程序。提起专利权无效宣告程序，应当注意以下几个问题。

①证据要充分。证明一项被授予专利权的发明创造无效可以有各种不同的证据，最常见、最普遍的是证明其不具备新颖性、创造性、实用性。如果能列举出专利权人在专利申请日之前，已公开过该专利的技术内容，无效宣告就有获胜的可能。

②把握提起"反诉"的时机。在侵权诉讼中设立专利权无效程序，目的是用于抵消专利权人对其侵权的指控，因此，被指控侵权人在收集到足够的证据后，如果不能与专利权人就侵权问题达成和解或调解协议，当专利权人提起侵权诉讼后，应及时提出"反诉"，而不应将"反诉"作为一种拖延侵权时间的战略。

③不可滥用"反诉"。"反诉"专利权无效，将会引起一个复杂的无效审查程序。我国《专利法实施细则》规定了无效宣告请求人应当履行的义务，即向国家知识产权局专利复审委员会提交请求书，说明理由，必要时应当附有关文件。因此，在侵权诉讼中，被告人应当慎重对待启动无效程序。

在我国的司法实践中，经过当事人提起反诉，专利复审委员会审查后，最终被宣告专利权无效的案件占有一定比例。而在没有充分证据的情况下，贸然提出宣告专利权无效的做法是不可取的。

# 四、专利行政诉讼

## （一）简要说明

专利行政诉讼案件是指不服国家知识产权局专利复审委员会所作决定而向人民法院提起的行政诉讼案件。我国的专利审查制度包括行政审查和司法审查两部分。

在现行专利审查制度中，对发明专利申请是否授予专利权、专利复审委的复审审理和无效宣告请求的审查占有重要位置。是否授予专利权案件是指申请人对专利局所作出的不予授予专利权的决定不服，向专利复审委员会提出复审请求的案件；无效宣告请求案件是指他人认为授权专利不符合授权条件，请求专利复审委员会宣告该专利无效的案件。

上述案件由专利复审委员会负责处理，不服专利复审委员会决定的，可以向人民法院提起行政诉讼。根据最高人民法院和北京市高级人民法院的有关规定，此类行政案件一审由北京知识产权法院审理，二审由北京市高级人民法院知识产权审判庭负责审理。

## （二）案件种类

根据作出行政决定的机关不同、决定的内容不同，专利行政案件可以分为以下两类。

1. 以专利复审委员会作为被告

（1）不服专利复审委员会维持驳回申请复审决定。

根据《专利法》第41条的规定，专利申请人对国务院专利行政部门驳回申请的决定不服的，可以自收到通知之日起3个月内，向专利复审委员会申请复审。专利复审委员会复审后，作出决定，并通知专利申请人。专利申请人对专利复审委员会的复审决定不服的，可以自收到通知之日起3个月内向人民法院起诉。

具体说，这类案件是指专利申请人作为原告，对国家知识产权局专利局作出驳回其专利申请、不授予其专利权的决定不服，经过申请，由专利复审委员会审查后，专利复审委员会仍作出维持国家知识产权局专利局的驳回决定，这时，专利申请人以专利复审委员会作为被告，向人民法院提起的专利行政诉讼。

这类纠纷主要有以下两种情况。

第一种情况是对形式审查阶段驳回发明、实用新型、外观设计专利申请人的复审决定不服而发生的纠纷。

我国对发明专利的审查采取形式审查（初步审查）加实质审查的全面审查制，而对实用新型和外观设计则实行初步审查制。

初步审查主要是进行明显缺陷审查和格式审查。对发明、实用新型和外观设计专利申请，明显不符合专利法规定的，中国专利局将向申请人发出审查意见通知书，要求申请人在指定期限内陈述意见或者补正。申请人陈述意见或者补正后，中国专利局仍然认为明显不符合专利法及其《实施细则》规定的，则作出驳回专利申请的决定。

专利申请人对专利局驳回专利申请不服的，可以在收到通知之日起3个月内，向专利复审委员会请求复审。专利复审委员会经过复审审查，作出复审决定，并通知申请人。

专利复审委员会作出的复审决定的结果有两种：一种是撤销中国专利局的驳回决定。那么，专利申请将恢复到中国专利局作出驳回决定前的状态，审查程序继续进行。另一种是维持中国专利局的驳回决定。在这种情况下，专利申请人对专利复审委员会驳回复审请求的决定不服的，可以在法定期限内向人民法院起诉，由人民法院按照行政诉讼程序经过审理后，作出最终裁决。

第二种情况是对实质审查阶段驳回发明专利申请的复审决定不服而发生的纠纷。

根据专利法的规定，授予专利权的发明专利，应当具备新颖性、创造性和实用性，即要具备可专利性。

我国对发明专利的审查，是由国家专利局根据申请人提出的实质审查请求，对其申请进行实质审查。当然，国家专利局认为必要的时候，也可以自行对发明专利申请进行实质审查。也就是说，一项发明专利申请经过初步审查后，即使公布了申请的技术内容，也还不能算得到专利权，还须按程序进行实质审查。如果申请人无正当理由，逾期不请求实质审查，该发明专利申请即被视为撤回。

国家专利局对于发明专利申请"三性"的审查是按照新颖性、创造性和实用性逐一进行的，审查中对某一项实质性条件产生疑问时，及时向专利申请人发出审查意见通知书，要求申请人限期答复。申请人及时答复并符合要求时，专利审查将继续进行；如专利申请人的答复不符合要求，该发明专利申请将会被驳回。在发明专利申请被驳回的情况下，发明专利申请人对国家专利局驳回申请的决定不服的，可以在收到通知之日起3个月内，向专利复审委员会请求复审。专利复审委员会接受发明专利申请人的复审请求后，经过复审审查，作出复审决定。

复审决定的内容也会出现两种情况：一种是撤销国家专利局的驳回决定，这时，国家专利局应当按照复审决定的结果执行，继续将后续审查工作完成；另一种是维持中国专利局的驳回决定。发明专利申请人对专利复审委员会作出的维持中国专利局的驳回决定，即驳回发明专利申请人复审请求的决定不服的，可以在收到通知书后的法定期限内向人民法院提起行政诉讼。

发明专利申请在实质审查阶段被驳回，情况比较复杂：可能是遇到了新颖性障碍，也可能是遇到了创造性或者实用性等其他问题。人民法院审判这类案件一般应当根据案情的需要，聘请有关技术专家作陪审员或者技术顾问，以便更好地对有争议的发明创造的技术内容进行分析，作出公正合法的判断。

（2）不服专利复审委员会专利权无效宣告请求决定。

专利权被授予后，任何单位或者个人认为该专利权的授予不符合专利法规定的，都可以请求专利复审委员会宣告该专利权无效。请求人应当向专利复审委员会提交请求书，说明理由，必要时应当附具有关文件。在进行无效宣告审查过程中，专利复审委员会应当将专利权无效宣告请求书的副本和有关文件的副本送交专利权人，要求其在指定的期限内陈述意见。专利权人无正当理由期满不答复的，视为无反对意见。对作出意见陈述的，专利复审委员会将进行审查。如果认为专利权人的陈述意见不能驳倒无效请求理由，专利复审委员会将同对待视为无反对意见一样，有可能作出宣告该专利权无效或者部分无效的决定。

根据《专利法》第46条的规定，专利复审委员会对宣告专利权无效的请求应当及时审查和作出决定，并通知请求人和专利权人。宣告专利权无效的决定，由国务院专利行政部门登记和公告。专利权人或者无效宣告请求人对专利复审委员会宣告专利权无效或者维持专利权的决定不服的，可以自收到通知之日起3个月内向人民法院提起诉讼。人民法院应当通知无效宣告请求程序的对方当事人作为第三人参加诉讼。

具体来说，这类案件是指专利权人或者无效宣告请求人作为原告，对专利复审委员会作出的宣告专利权无效或者维持专利权有效的决定不服，以专利复审委员会作为被告，向人民法院提起的专利行政诉讼。

实践中，这类专利行政案件主要有三种情况：

①专利权人作为原告，对专利复审委员会作出的宣告专利权无效或者部分无效的决定不服提起的专利行政诉讼；

②无效宣告请求人作为原告，对专利复审委员会作出的宣告专利权有效或者部分有效的决定不服，提起的专利行政诉讼；

③专利权人和无效宣告请求人分别作为原告，均对专利复审委员会作出的专利权部分有效、部分无效的决定不服，提起的专利行政诉讼。

在前两种情况下，无效宣告请求人或者专利权人作为专利无效决定的相对人，应当以第三人的身份参加专利行政诉讼。

2. 以管理专利工作的部门为被告

新的《专利法实施细则》第79条明确规定，管理专利工作的部门，是指由各省、自治区、直辖市人民政府以及专利管理工作量大又有实际处理能力的设区的市人民政府设立的管理专利工作的部门。规定表明，2002年版《专利法实施细则》中规定的国务院有关主管部门设立的专利管理机关，不再是专利法意义上的管理专利工作的部门。只有各省、自治区、直辖市人民政府以及一些符合法定条件的设区的市人民政府设立的专利管理机关，简称地方专利管理机关，才是专利法意义上的管理专利工作的部门，有的称为地方知识产权局。《专利法》及其《实施细则》对管理专利工作的部门职能的规定仅适用于它们。

《专利法》及《专利法实施细则》明确规定了管理专利工作的部门是地方政府机关的职能部门，负责本行政区域内的专利管理工作，它应当是各级政府的组成部分。从法律规定的权限看，其具有专利管理和专利执法的双重职能。依照《专利法》及《专利法实施细则》的规定，它们可以根据当事人的申请或者依职权解决以下纠纷。

（1）责令停止专利侵权行为。

依照《专利法》第60条规定，未经专利权人许可，实施其专利即侵犯其专利权引发纠纷的，专利权人或者利害关系人可以请求管理专利工作的部门处理。管理专利工作的部门处理时，认定侵权行为成立的，可以责令侵权人立即停止侵权行为。当事人不服的，可以自收到通知之日起15日内向法院提起行政诉讼。侵权人期满不起诉又不停止侵权行为的，管理专利工作部门可以申请人民法院强制执行。

（2）处罚假冒他人专利行为。

根据《专利法》第63条规定：假冒他人专利的，除依法承担民事责任外，由管理专利工作的部门责令改正并予公告，没收违法所得，可以并处违法所得4倍以下的罚款，没有违法所得的，可以处20万元以下的罚款；构成犯罪的，依法追究刑事责任。

管理专利工作的部门处罚假冒他人专利行为是专利法授予的权力，其有权依法主动查处。当事人对处罚决定不服的，可以自收到通知书之日起15日内向有管辖权的人民法院提起行政诉讼。

(3) 调解侵权损害赔偿数额。

依照《专利法》第 60 条规定，管理专利工作的部门根据受到侵害的专利权人及其利害关系人的请求，可以在对专利侵权纠纷进行处理的过程中，就侵犯专利权的行为给专利权人或者利害关系人造成损失的数额进行调解。调解达成协议的，当事人应当自觉履行。调解不成的，管理专利工作的部门不能作出行政决定，当事人可以向人民法院提起民事诉讼。

(4) 调解临时保护期间的费用纠纷。

依照《专利法实施细则》第 85 条规定，专利权授予后，管理专利工作的部门根据专利权人的请求，可以对发明专利申请公布后专利权授予前，他人使用其发明而未支付适当的费用引发的纠纷进行调解。

(5) 调解专利申请权纠纷。

依照《专利法实施细则》第 85 条规定，管理专利工作的部门根据发明人或者设计人或其单位的请求，可以对发明人或者设计人与其所属单位对其发明创造是否属于职务发明的争议进行调解；也可以依当事人的申请，对因履行技术开发合同完成的发明创造产生的专利申请权纠纷进行调解。

(6) 调解专利权归属纠纷。

专利权归属纠纷是在专利申请权纠纷基础上产生的，是指引起专利申请权纠纷的两种情况，发生在专利权授权之后。根据《专利法实施细则》第 85 条的规定，地方管理专利工作的部门有权依当事人的申请对专利权归属纠纷进行调解。

(7) 调解职务发明创造的发明人或者设计人与单位之间发生的奖金或者报酬纠纷。

《专利法实施细则》第 85 条规定，单位对职务发明创造的发明人或者设计人没有依法发给奖金或者支付报酬的，发明人或者设计人可请求管理专利工作的部门进行调解。这种争议实际上是一种因奖金、报酬而发生的争议。

(8) 调解发明人、设计人资格纠纷。

根据《专利法实施细则》第 85 条规定，发明人或者设计人在专利申请过程中或者在获得专利权之后，因该发明创造的发明人或者设计人的资格发生纠纷，争议谁是真正的发明人或者设计人，可以申请由地方管理专利工作的部门进行调解。

前面所列管理专利工作的部门调处纠纷的范围共 8 项，其中对前三项，管理专利工作的部门可以作出行政决定，即具体的行政行为。对此行政决定不服的，相对人可以以管理专利工作的部门为被告，向有管辖权的人民法院提起行政诉讼。而对其余纠纷，管理专利工作的部门在执法中主要是根据当事人的申请进行调解，调解不成的，当事人可以以原来的对方当事人为被告，重新向人民法院提起民事诉讼。即使是在管理专利工作的部门主持下做出了调解结论，一方当事人又反悔的，仍然可以向人民法院提起民事诉讼。可见，管理专利工作的部门作出的调解书，只是在当事人自愿履行的前提下，才具有实际意义。

### （三）诉讼管辖

1. 以专利复审委员会作为被告的专利行政案件的诉讼管辖

根据相关法律及最高人民法院有关司法解释的规定，以专利复审委员会作为被告的专利行政案件均由北京知识产权法院作为第一审法院，北京市高级人民法院作为第二审法院。

2. 以管理专利工作的部门为被告的专利行政案件的诉讼管辖

2001 年 6 月 19 日发布的《最高人民法院关于审理专利案件适用法律问题的若干规定》明确了这类案件的管辖问题。该规定的第 1 条明确了不服管理专利工作的部门行政决定的案件属于人民法院受理的专利纠纷案件。第 2 条规定，专利纠纷第一审案件，由各省、自治区、直辖市人民政府所在地的中级人民法院和最高人民法院指定的中级人民法院管辖。司法解释的这一规定，明确了此类案件的性质及诉讼管辖，即这类案件属于专利行政纠纷案件，应当由行政审判庭审理。但是，并非所有的法院或者作为被告的管理专利工作的部门所在地的法院均有管辖权，而是应当由有专利纠纷案件管辖权的中级人民法院作为一审管辖法院。

# 第八章　收到电商投诉后的处理办法

2018年8月31日颁布的《中华人民共和国电子商务法》中有专门针对知识产权侵权的保护条款。条款内容如下：

第四十一条　电子商务平台经营者应当建立知识产权保护规则，与知识产权权利人加强合作，依法保护知识产权。

第四十二条　知识产权权利人认为其知识产权受到侵害的，有权通知电子商务平台经营者采取删除、屏蔽、断开链接、终止交易和服务等必要措施。通知应当包括构成侵权的初步证据。

电子商务平台经营者接到通知后，应当及时采取必要措施，并将该通知转送平台内经营者；未及时采取必要措施的，对损害的扩大部分与平台内经营者承担连带责任。

因通知错误造成平台内经营者损害的，依法承担民事责任。恶意发出错误通知，造成平台内经营者损失的，加倍承担赔偿责任。

第四十三条　平台内经营者接到转送的通知后，可以向电子商务平台经营者提交不存在侵权行为的声明。声明应当包括不存在侵权行为的初步证据。

电子商务平台经营者接到声明后，应当将该声明转送发出通知的知识产权权利人，并告知其可以向有关主管部门投诉或者向人民法院起诉。电子商务平台经营者在转送声明到达知识产权权利人后十五日内，未收到权利人已经投诉或者起诉通知的，应当及时终止所采取的措施。

第四十五条 电子商务平台经营者知道或者应当知道平台内经营者侵犯知识产权的,应当采取删除、屏蔽、断开链接、终止交易和服务等必要措施;未采取必要措施的,与侵权人承担连带责任。

第八十四条 电子商务平台经营者违反本法第四十二条、第四十五条规定,对平台内经营者实施侵犯知识产权行为未依法采取必要措施的,由有关知识产权行政部门责令限期改正;逾期不改正的,处五万元以上五十万元以下的罚款;情节严重的,处五十万元以上二百万元以下的罚款。

第八十五条 电子商务经营者违反本法规定,销售的商品或者提供的服务不符合保障人身、财产安全的要求,实施虚假或者引人误解的商业宣传等不正当竞争行为,滥用市场支配地位,或者实施侵犯知识产权、侵害消费者权益等行为的,依照有关法律的规定处罚。

电商企业在电商平台上发生的有关知识产权的侵权投诉、申诉愈发频繁,尤其以商标侵权案件较多,下面结合阿里巴巴知识产权系统中回应知识产权投诉侵权的案例,提出应对办法。

# 一、了解投诉方知识产权情况

在阿里巴巴知识产权系统中回应知识产权投诉,主要操作需分以下两步:

第一步:了解投诉方及其专利情况,了解被投诉产品情况。

可根据投诉方主张的知识产权的编号,在相应网站查看该专利权更详细的信息。专利查询工具主要如下。

(1) 中国国家知识产权局:http://www.sipo.gov.cn/;

(2) 美国专利商标局:http://patft.uspto.gov/;

(3) 欧盟发明专利查询:http://ep.espacenet.com/numberSearch? locale = en_EP;外观专利查询:http://oami.europa.eu/RCDOnline/Re-

questManager#；

（4）世界知识产权组织（WIPO）：http：//www. wipo. int/wipogold/en；

（5）我国香港特别行政区发明专利查询：http：//ipsearch. ipd. gov. hk/patent/main. jsp；我国香港特别行政区外观专利查询：http：//ipsearch. ipd. gov.hk/design/main. jsp。

通过以上途径查询投诉主张的知识产权信息，了解对方商标的权利人、商品或服务项目名称是否涉及被投诉产品或服务，商标是否有效，是否有许可转让等情形。

第二步：判断被投诉产品是否侵权，决定是否异议投诉。

（1）认为侵权。与投诉方进行联系，协商撤诉；请专业律师处理。

（2）认为不侵权。请律师在知识产权保护系统中发起反通知，说明不侵权理由；也可与投诉方进行联系，如其同意撤诉，可请投诉方直接通过知识产权系统进行撤诉操作。

## 二、发起反通知操作步骤

（1）点击"被投诉管理"中"历史被投诉记录"，查看案件情况。

（2）勾选投诉记录，点击"发起反通知"。

（3）在"发起反通知"页面填写反通知表单。

（4）发起反通知的基本理由及附带凭证。

针对商标投诉，可以从以下4个方面发起反通知，并附相关资料：

①被投诉产品系购买自商标权人处或其授权代理商处。需要提供相关进货凭证，如合同、发票等。如采购自商标权人的授权代理商处，需要一并提供进货凭证以及商标权人授权该代理商进行销售的有效授权书。

②被投诉人有销售授权。需要提供商标权人授权被投诉人进行销售的有效授权书。

③注册商标专用权的保护范围未包含被投诉商品。需要详细说明被投诉商品与商标注册的类别不相同/相似，被投诉商品上的商标与投诉商标

不相同/近似，或不在驰名商标跨类保护范围之类的原因。

# 三、发起反通知

## （一）针对专利投诉

1. 被投诉产品与专利存在差异

（1）针对外观设计专利的投诉，可以指出被投诉产品和外观设计专利中的视图在视觉上的不同之处；

（2）针对实用新型专利和发明专利的投诉，可以针对投诉人主张被侵犯的独立权利要求，指出被投诉产品缺少某一技术特征，或者被投诉产品的某一技术与专利技术方案中的相应技术特征的不相同之处。

2. 线上公开资料

（1）提供淘宝网、天猫、阿里巴巴中文站的后台交易截图以及订单编号；

（2）专利申请日前已发布在阿里巴巴国际站上的产品链接（产品最后一次修改时间要在专利申请日之前）；

（3）申请日前已在国内外公开的专利资料，提供专利信息的截图，并确保被投诉产品与在先专利一致。

3. 线下公开资料

（1）销售该产品的交易凭证，如买卖双方的合同，同时提交与交易凭证相关的第三方资料，如发票、报关单；

（2）产品认证报告；

（3）报刊、书籍，提供相关页面的照片；

（4）电视、电影、广告等公众媒体中出现产品的画面资料；

（5）申请日前未公开的专利资料，提供专利信息以及专利权人的合法授权证明。

4. 合法的授权、购买渠道

需要提供相关进货凭证，如合同、发票等，如果采购自专利权人的代理商处，需要一并提供进货凭证以及专利权人授权该代理商进行销售的授权书。

5. 其他不侵权的情况

（1）无效宣告请求审查决定书、确认不侵权诉讼的判决书或者行政机关出具的是否侵权认定书；

（2）《专利权评价报告》证明涉案专利不具备"三性"。

### （二）针对著作权投诉

针对著作权投诉，可以从以下 3 个方面发起反通知，并附上相关资料。

1. 对被投诉作品本身享有著作权

提供早于权利人的著作权登记证书、合法出版物等，或者早于权利人作品完成日之前的产品目录或者商品销售记录等。

2. 被投诉产品购自著作权人处或其授权代理商处

需要提供相关进货凭证，如合同、发票等。如采购自著作权人的代理商处，需要一并提供进货凭证以及著作权人授权该代理商进行销售的授权书。

# 著作权篇

TRIPS 协议第 10 条第 2 款规定:"数据或其他资料的汇编,无论以机器可读形式或其他任何形式,只要由于其内容经选编或整理成智力创造,均应予以版权保护。"

电子商务企业涉及的版权事务主要包括商务信息的版权、向公众传播权、复制权以及因特网上的数据库保护等几个方面。本篇主要对著作权的概念、登记手续、查询、备案等基本事务进行概念层面的介绍,对电子商务可能涉及较多的网页著作权登记、软件著作权登记、著作权质权登记以及著作权相关权利的登记进行实操层面的介绍。

# 第九章　著作权相关概念

## 一、基本定义

### (一) 作品

《中华人民共和国著作权法》（以下简称《著作权法》）第3条所称的作品，包括以下列形式创作的文学、艺术和自然科学、社会科学、工程技术等作品：

(1) 文字作品，也称"文学作品"，是指小说、诗词、散文、论文等以文字形式表现的作品。文字可以是汉字、少数民族文字、盲文，也可以是外文，符号不仅指文字，还指速记、电讯、数字、点字等。文字作品是最普遍的创作形式，但有的作品虽表现的是文字符号，实际上并非文字的组合，而是文字的艺术内涵，如书法并非文字作品，而是美术作品。

(2) 口述作品。

(3) 音乐、戏剧、曲艺、舞蹈、杂技艺术作品。

(4) 美术、建筑作品。

(5) 摄影作品。

(6) 电影作品和以类似摄制电影的方法创作的作品。

(7) 工程设计图、产品设计图、地图、示意图等图形作品和模型作品。

(8) 计算机软件。

（9）法律、行政法规规定的其他作品。

### （二）著作权人

著作权人是依法对文学、艺术和科学等作品享有著作权的人，包括：（1）作者；（2）其他依照著作权法享有著作权的公民、法人或者其他组织。

### （三）著作权

《著作权法》第10条规定，著作权包括下列人身权和财产权：

（1）发表权，即决定作品是否公之于众的权利；

（2）署名权，即表明作者身份，在作品上署名的权利；

（3）修改权，即修改或者授权他人修改作品的权利；

（4）保护作品完整权，即保护作品不受歪曲、篡改的权利；

（5）复制权，即以印刷、复印、拓印、录音、录像、翻录、翻拍等方式将作品制作一份或者多份的权利；

（6）发行权，即以出售或者赠予方式向公众提供作品的原件或者复制件的权利；

（7）出租权，即有偿许可他人临时使用电影作品和以类似摄制电影的方法创作的作品、计算机软件的权利，计算机软件不是出租的主要标的的除外；

（8）展览权，即公开陈列美术作品、摄影作品的原件或者复制件的权利；

（9）表演权，即公开表演作品，以及用各种手段公开播送作品的表演的权利；

（10）放映权，即通过放映机、幻灯机等技术设备公开再现美术、摄影、电影和以类似摄制电影的方法创作的作品等的权利；

（11）广播权，即以无线方式公开广播或者传播作品，以有线传播或者转播的方式向公众传播广播的作品，以及通过扩音器或者其他传送符

号、声音、图像的类似工具向公众传播广播的作品的权利;

（12）信息网络传播权，即以有线或者无线方式向公众提供作品，使公众可以在其个人选定的时间和地点获得作品的权利;

（13）摄制权，即以摄制电影或者以类似摄制电影的方法将作品固定在载体上的权利;

（14）改编权，即改变作品，创作出具有独创性的新作品的权利;

（15）翻译权，即将作品从一种语言文字转换成另一种语言文字的权利;

（16）汇编权，即将作品或者作品的片段通过选择或者编排，汇集成新作品的权利;

（17）应当由著作权人享有的其他权利。

## 二、有关规定

### （一）著作权归属

《著作权法》第 11 条规定，著作权属于作者，本法另有规定的除外。

创作作品的作者是公民;作者也可以是法人或者其他组织:由法人或者其他组织主持，代表法人或者其他组织意志创作，并由法人或者其他组织承担责任的作品。

演绎作品的著作权归属:改编、翻译、注释、整理已有作品而产生的作品，其著作权由改编、翻译、注释、整理人享有，但行使著作权时不得侵犯原作品的著作权。

汇编作品的著作权归属:汇编若干作品、作品的片段或者不构成作品的数据或者其他材料，对其内容的选择或者编排体现独创性的作品，为汇编作品，其著作权由汇编人享有，但行使著作权时，不得侵犯原作品的著作权。

合作作品的著作权归属:两人以上合作创作的作品，著作权由合作作者共同享有。合作作品可以分割使用的，作者对各自创作的部分可以单独享有著作权，但行使著作权时不得侵犯合作作品整体的著作权。

电影作品的著作权归属：电影作品和以类似摄制电影的方法创作的作品的著作权由制片者享有，但编剧、导演、摄影、作词、作曲等作者享有署名权，并有权按照与制片者签订的合同获得报酬。电影作品和以类似摄制电影的方法创作的作品中的剧本、音乐等可以单独使用的作品的作者有权单独行使其著作权。

职务作品的著作权归属：公民为完成法人或者其他组织工作任务所创作的作品是职务作品，除《著作权法》第16条第二款的规定以外，著作权由作者享有，但法人或者其他组织有权在其业务范围内优先使用。作品完成两年内，未经单位同意，作者不得许可第三人以与单位使用的相同方式使用该作品。

委托作品的著作权归属：受委托创作的作品，著作权的归属由委托人和受托人通过合同约定。合同未作明确约定或者没有订立合同的，著作权属于受托人。

美术作品的著作权归属：美术等作品原件所有权的转移，不视为作品著作权的转移，但美术作品原件的展览权由原件所有人享有。

著作权的继受：与其他民事权利一样，著作权也可以通过继承的方式发生转移。著作权属于公民的，公民死亡后，其《著作权法》第10条第1款第（5）项至第（17）项规定的权利在著作权法规定的保护期内，依照继承法的规定转移。

有下列情形之一的职务作品，作者享有署名权，著作权的其他权利由法人或者其他组织享有，法人或者其他组织可以给予作者奖励：

（1）主要是利用法人或者其他组织的物质技术条件创作，并由法人或者其他组织承担责任的工程设计图、产品设计图、地图、计算机软件等职务作品；

（2）法律、行政法规规定或者合同约定著作权由法人或者其他组织享有的职务作品。

## （二）著作权的保护期限

《著作权法》第 20~21 条对著作权权利的保护期限做了如下规定。

（1）署名权、修改权、保护作品完整权的保护期：作者的署名权、修改权、保护作品完整权的保护期不受限制。

（2）发表权、财产权的保护期：公民的作品，其发表权、复制权、发行权、出租权、展览权、表演权、放映权、广播权、信息网络传播权、摄制权、改编权、翻译权、汇编权等权利，保护期为作者终生及其死亡后 50 年，截止于作者死亡后第五十年的 12 月 31 日；如果是合作作品，截止于最后死亡的作者死亡后第五十年的 12 月 31 日。

（3）法人或者其他组织的作品、著作权（署名权除外）由法人或者其他组织享有的职务作品，其发表权、复制权、发行权、出租权、展览权、表演权、放映权、广播权、信息网络传播权、摄制权、改编权、翻译权、汇编权等权利，保护期为 50 年，截止于作品首次发表后第五十年的 12 月 31 日，但作品自创作完成后 50 年内未发表的，著作权法不再保护。

（4）电影作品和以类似摄制电影的方法创作的作品、摄影作品，其发表权、复制权、发行权、出租权、展览权、表演权、放映权、广播权、信息网络传播权、摄制权、改编权、翻译权、汇编权等权利，保护期为 50 年，截止于作品首次发表后第五十年的 12 月 31 日，但作品自创作完成后 50 年内未发表的，著作权法不再保护。

## （三）著作权的权利限制

《著作权法》第 22 条规定，在下列情况下使用作品，可以不经著作权人许可，不向其支付报酬，但应当指明作者姓名、作品名称，并且不得侵犯著作权人依照本法享有的其他权利：

（1）为个人学习、研究或者欣赏，使用他人已经发表的作品；

（2）为介绍、评论某一作品或者说明某一问题，在作品中适当引用他人已经发表的作品；

（3）为报道时事新闻，在报纸、期刊、广播电台、电视台等媒体中不可避免地再现或者引用已经发表的作品；

（4）报纸、期刊、广播电台、电视台等媒体刊登或者播放其他报纸、期刊、广播电台、电视台等媒体已经发表的关于政治、经济、宗教问题的时事性文章，但作者声明不许刊登、播放的除外；

（5）报纸、期刊、广播电台、电视台等媒体刊登或者播放在公众集会上发表的讲话，但作者声明不许刊登、播放的除外；

（6）为学校课堂教学或者科学研究，翻译或者少量复制已经发表的作品，供教学或者科研人员使用，但不得出版发行；

（7）国家机关为执行公务在合理范围内使用已经发表的作品；

（8）图书馆、档案馆、纪念馆、博物馆、美术馆等为陈列或者保存版本的需要，复制本馆收藏的作品；

（9）免费表演已经发表的作品，该表演未向公众收取费用，也未向表演者支付报酬；

（10）对设置或者陈列在室外公共场所的艺术作品进行临摹、绘画、摄影、录像；

（11）将中国公民、法人或者其他组织已经发表的以汉语言文字创作的作品翻译成少数民族语言文字作品在国内出版发行；

（12）将已经发表的作品改成盲文出版。

前款规定适用于对出版者、表演者、录音录像制作者、广播电台、电视台的权利的限制。

特定教科书的法定许可：为实施九年制义务教育和国家教育规划而编写出版教科书，除作者事先声明不许使用的外，可以不经著作权人许可，在教科书中汇编已经发表的作品片段或者短小的文字作品、音乐作品或者单幅的美术作品、摄影作品，但应当按照规定支付报酬，指明作者姓名、作品名称，并且不得侵犯著作权人依照本法享有的其他权利。

前款规定适用于对出版者、表演者、录音录像制作者、广播电台、电视台的权利的限制。

# 第十章 作品著作权登记

## 一、作品著作权登记的申请

### (一) 登记申请实务

1. 申请程序

一件作品著作权的顺利登记,需要经历以下申请程序:在中国版权保护中心进行注册(首次申请者)→准备登记文件→提交登记申请材料→缴纳登记费用→登记机构受理申请→审查→制作发放登记证书→公告。

2. 所需材料

(1)《作品著作权登记申请表》:登录中国版权保护中心官网,按照要求填写完整的作品著作权登记申请表,确认信息无误后打印、盖章或者签字。首次申请,申请人需在中国版权保护中心官网进行注册。

(2) 申请人的身份证明:申请人是个人的,需要提供身份证复印件;申请人是法人或者其他组织的,需要提供法人营业执照复印件或其他有效身份证明文件,并盖章。

(4) 作品的样本:可以提交纸介质或者电子介质作品样本。

(5) 作品说明书:需要从创作意图、创作过程、独创性三方面撰写,完成后由作者签字,著作权是法人或者其他组织的,则需要盖章。

(6) 权利归属证明:如果是合作(或委托)开发,需提供双方签订的《合作(或委托)开发协议》,协议应对作品的著作权的权属进行明确约定。

（7）职务创作说明书：著作权人是法人或其他组织的，需要提供该文件，由作者签字、著作权人盖章。

（8）代理人身份证明：委托代理人代为申请时，应提交申请人出具的授权代理委托书，并写明委托权限，签字或者盖章；代理人是个人的，需要提交身份证复印件或者其他有效身份证明文件；代理人是法人的，需要提供法人营业执照复印件和具体提交人员的身份证复印件，或者二者的其他有效身份证明文件。

3. 收费标准

我国作品著作权登记收费标准如表 10-1 所示。

表 10-1　中国版权保护中心著作权自愿登记收费标准

| 收费项目 | 计价单位 | 收费标准（元） | 备　注 |
| --- | --- | --- | --- |
| 文字、口述作品 | 件 | 100 字以下 100 元，<br>101~5000 字 150 元，<br>5001~10000 字 200 元，<br>10000 字以上 300 元 | |
| 音乐作品 | 件 | 词曲 300 元，曲 200 元 | 系列作品登记第二件起每件 100 元 |
| 戏剧作品 | 件 | 300 元 | 系列作品登记第二件起每件 100 元 |
| 曲艺作品 | 件 | 300 元 | 系列作品登记第二件起每件 100 元 |
| 舞蹈作品 | 件 | 300 元 | 系列作品登记第二件起每件 100 元 |
| 杂技作品 | 件 | 300 元 | 系列作品登记第二件起每件 100 元 |
| 美术作品 | 件 | 300 元 | 系列作品登记第二件起每件 100 元 |
| 摄影作品 | 件 | 300 元 | 系列作品登记第二件起每件 100 元 |
| 工程设计图 | 件 | 500 元 | 系列作品登记第二件起每件 100 元 |
| 产品设计图 | 件 | 500 元 | 系列作品登记第二件起每件 100 元 |
| 地图 | 件 | 500 元 | 系列作品登记第二件起每件 100 元 |
| 示意图 | 件 | 500 元 | 系列作品登记第二件起每件 100 元 |
| 模型作品 | 件 | 500 元 | 系列作品登记第二件起每件 100 元 |
| 建筑作品 | 件 | 1500 元 | 系列作品登记第二件起每件 100 元 |
| 电影作品 | 件 | 2000 元 | 系列作品登记第二件起每件 100 元 |

## 第十章 作品著作权登记

续表

| 收费项目 | 计价单位 | 收费标准（元） | 备注 |
|---|---|---|---|
| 类似摄制电影方法创作完成的作品 | 件 | 超短片<1分钟200元，<br>1~5分钟300元，<br>5~10分钟400元，<br>10~25分钟800元，<br>25~45分钟1000元，<br>超过45分钟2000元，<br>电视剧100元/集 | 系列作品登记第二件起每件50元<br>系列作品登记第二件起每件50元<br>系列作品登记第二件起每件100元<br>系列作品登记第二件起每件200元<br>系列作品登记第二件起每件300元<br>系列作品登记第二件起每件400元 |
| 汇编作品 | 件 | 2000元 | 系列作品登记第二件起每件100元 |
| 多媒体汇编作品 | 件 | 2000元 | 系列作品登记第二件起每件100元 |
| 其他作品 | 件 | 2000元 | 系列作品登记第二件起每件100元 |

4. 办理时限

登记机构受理登记申请后30个工作日内办理完成。需要补正材料的，申请人自接到补正通知书后2个月内完成补正，登记机构自收到符合要求的补正材料后30个工作日办理完成。

### (二) 变更或补充登记申请

1. 变更或补充登记的情形

(1) 申请人名称、地址变更；

(2) 作品名称变更；

(3) 申请登记材料填写错误；

(4) 作品内容变化或增加。

2. 所需材料

(1)《作品著作权变更或补充登记申请表》：登录中国版权保护中心网站，在线按照要求完整地填写相关内容，确认无误后，打印盖章或签字。

(2) 申请人的身份证明复印件：同作品著作权登记。

(3) 登记证书原件。

(4) 变更的证明材料：变更作品名称提交纸介质的变更理由盖章；变

更公司名称提交工商变更证明（工商局提供）。

（5）变更的作品样本：仅变更作品名称时提交。

（6）查询结果。

（7）代理身份证明：同作品著作权登记。

3. 办理费用

变更登记的收费为原登记费的50%。

## 二、作品著作权登记的撤销

### （一）撤销登记的情形

（1）登记后发现属于不受著作权法保护的作品；

（2）超过著作权保护期的作品；

（3）依法禁止出版、传播的作品；

（4）登记后发现与事实不相符的；

（5）申请人申请撤销原作品登记的；

（6）登记后发现是重复登记的。

### （二）所需材料

（1）《著作权撤销登记申请表》：在线按照要求完整地填写相关内容，确认无误后，打印盖章或签字。

（2）申请人的身份证明：同作品著作权登记。

（3）代理人的身份证明：同作品著作权登记。

（4）其他证明材料。

（5）查询结果。

### （三）办理费用

办理作品著作权登记撤销的费用为每件80元。

## 三、作品著作权申请撤回登记

申请人在收到受理通知书后至登记申请批准之前,可以随时请求撤回申请。

**(一) 申请材料**

(1)《撤回作品著作权登记申请表》:登录中国版权保护中心网站,按要求完整填写,注意写明撤回的作品名称、撤回理由、撤回内容等,并打印盖章或签字。

(2) 申请人的身份证明:同作品著作权登记。

(3) 代理人身份证明:同作品著作权登记。

**(二) 办理费用**

撤回登记不收取费用,登记费不予退回。

## 四、补发或换发登记证书

**(一) 所需材料**

(1)《补发或换发作品著作权登记申请表》:在线按照要求完整地填写相关内容,确认无误后,打印盖章或签字。

(2) 申请人身份证明:同作品著作权登记。

(3) 查询结果。

(4) 代理人委托书:同作品著作权登记。

**(二) 办理费用**

补发或换发作品著作权登记证书的费用是 50 元/个。

## 五、作品著作权查询

作品登记人、其他社会公众、司法机关、行政管理机关对已登记的作品可以申请查询相关信息。

### (一) 需要材料

(1)《著作权登记查询申请表》：登录中国版权保护中心网站，按要求完整填写，注意写明查询的作品名称、查询理由、查询内容等，并打印盖章或签字。

(2) 查询人身份证明：同作品著作权登记。

(3) 代理人身份证明：同作品著作权登记。

(4) 登记证书复印件。

(5) 原登记证书：提交不了的，需要提交相关书面声明并签章；如果查询目的是给样本盖章，则需要提交与原登记无色差作品样本 1 份和证书原件。

### (二) 查询费用

办理作品著作权查询的费用是每件 200 元。

### (三) 查询时限

办理作品著作权查询的时限是 10 个工作日。

## 六、作品著作权合同备案

著作权合同备案是指，著作权人转让或许可他人使用作品的著作权，与受让方或被许可方签订著作权转让合同、著作权专有许可使用合同或非专有许可使用合同的，可以申请著作权合同备案。目前，根据申请人提交的材料，登记机关对著作权合同约定转让或许可的权利内容进行登记。通过著作权合同备案，可以更加明确合同双方约定的内容，预防著作权纠纷，减少作品使用的交易成本和降低交易风险，避免侵权纠纷的发生，并能帮助权利人有效追究侵权人的侵权责任。

著作权的转让，是指著作权中财产权的转让，包括全部转让和部分转让。著作权的全部转让，是指著作权人将著作权中的一切财产权利转让给他人；著作权的部分转让，是指著作权人将著作权中的一项或几项权利转让给他人，著作权人仍享有未转让的著作财产权。

著作权许可使用的权利分为专有使用权和非专有使用权两种。专有使用权是指著作权人授予合同另一方当事人享有的以某种特定方式专有使用其作品的权利，该使用人对作品享有独占和排他的使用权，著作权人不得再授权第三人使用。非专有使用权是指著作权人将其作品授权另一方当事人以某种特定使用方式，非专有地使用其作品。《著作权法实施条例》第23条规定："使用他人作品应当同著作权人订立许可使用合同，许可使用的权利是专有使用权的，应当采取书面形式，但是报社、期刊社刊登作品除外。"

（一）办理步骤

准备材料→提交登记申请材料→登记机构核查接收材料→缴费→登记机构受理申请→审查→制作发放登记证书→公告。

（二）所需材料

（1）《著作权合同备案申请表》：登录中国版权保护中心，按照要求填写完整的著作权合同备案申请表，确认信息无误后，打印，盖章或签字。

（2）申请人的身份证明：同作品著作权登记。

（3）申请备案的著作权转让或许可使用合同或协议复印件。

（4）合同中涉及的作品样本。

（5）查询结果。

（6）代理人身份证明：同作品著作权登记。

## （三）办理时限

自登记机构受理登记申请后 30 个工作日内办理完成。需要补正材料的，申请人自接到补正通知书后 60 日内完成补正，登记机构自收到符合要求的补正材料后 30 个工作日内办理完成。

# 七、作品著作权质权登记

著作权质权登记是著作权质权生效的法律条件。《中华人民共和国物权法》第 227 条规定，以注册商标专用权、专利权、著作权等知识产权中的财产权出质的，当事人应当订立书面合同。质权自有关主管部门办理出质登记时设立。

《中华人民共和国担保法》第 79 条规定，以依法可以转让的商标专用权，专利权、著作权中的财产权出质的，出质人与质权人应当订立书面合同，并向其管理部门办理出质登记。质押合同自登记之日起生效。

《著作权质权登记办法》第 5 条规定，著作权质权的设立、变更、转让和消灭，自记载于《著作权质权登记簿》时发生效力。

因此，著作权质押合同只有登记后才能生效，质权才得以设立，债权人才对折价、拍卖、变卖质押财产的价款享有优先受偿的权利。

## （一）办理步骤

准备登记申请材料→提交材料→登记机构核查接收材料→登记机构受理申请→审查→制作发放《著作权质权登记证》→公告。

## （二）申请人要求

著作权质权登记，应由出质人与质权人共同到登记机关申请办理；但出质人或质权人中任何一方持对方委托书亦可申请办理。

**（三）材料要求**

当事人申请著作权质押合同登记，应向登记机关提供下列材料。

（1）《著作权质权登记申请表》：登录中国版权保护中心，在线按要求填写完整的申请表，并打印、盖章或签字。

（2）出质人、质权人合法身份证明或法人注册登记证明：同作品著作权登记。

（3）主合同及著作权出质合同：由双方当事人签章。

（4）作品权利证明：以共同著作权出质的，共同著作权人的书面协议，签字或盖章。

（5）授权委托书及被委托人合法身份证明。

（6）著作权出质前该著作权的授权使用情况证明文件。

（7）经过价值评估、质权人要求价值评估或法律法规要求价值评估的，提交价值评估报告。

（8）著作权登记证书和其他需要提供的材料等。

**（四）办理费用**

目前，根据有关规定，申请人申请著作权质押合同登记，暂时不需缴纳登记费用。

**（五）办理时限**

登记机关应自受理之日起10个工作日内完成审查，符合要求的，登记机关予以登记，并颁发《著作权质权登记证》。

**（六）不予登记的情形**

（1）出质人不是著作权人的。

（2）合同违反法律法规强制性规定的。

（3）出质著作权的保护期届满的。

（4）债务人履行债务的期限超过著作权保护期的。

（5）出质著作权存在权属争议的。

（6）其他不符合出质条件的。

**（七）撤销登记的情形**

（1）登记后发现有下列情况之一的：合同违反法律法规强制性规定的；出质人不是著作权人的；质押合同涉及的作品不受保护或者保护期已经届满的；著作权归属有争议的。

（2）质权合同无效或被撤销。

（3）根据司法机关、仲裁机关或行政管理机关作出的生效判决或行政处罚决定书应当撤销的。

（4）申请人提供虚假文件或以其他手段骗取质权登记的。

（5）其他应当撤销的。

# 八、网页著作权登记申请

网页著作权也属于作品著作权，申请流程和作品著作权相同。

**（一）所需材料**

（1）《作品著作权登记申请表》：登录中国版权保护中心官网，按照要求填写完整的作品著作权登记申请表，注意作品类型选"其他"，确认信息无误后打印，盖章或者签字。首次申请的，申请人需在中国版权保护中心官网进行注册。

（2）申请人的身份证明：申请人是个人的，需要提供身份证复印件；申请人是法人或者其他组织的，需要提供法人营业执照复印件或其他有效身份证明文件。

（3）作品的样本：可以提交纸介质或者电子介质作品样本。

（4）作品说明书：需要从创作意图、创作过程、独创性三方面写，完成后由作者签字，著作权是法人或者其他组织的，则需要盖章。

（5）权利归属证明：如是合作（或委托）开发，需提供双方签订的《合作（或委托）开发协议》，协议中应对作品完成的著作权的权属进行明确约定。

（6）职务创作说明书：著作权人是法人或其他组织的，需要提供该文件，由作者签字著作权人盖章。

（7）代理委托书：委托代理人代为申请时，应提交申请人出具的授权代理委托书，并写明委托权限，签字或者盖章。

（8）代理人的身份证明：代理人是个人的，需要提交身份证复印件或者其他有效身份证明文件；代理人是法人的，需要提供法人营业执照复印件和具体提交人员的身份证复印件，或者二者的其他有效身份证明文件。

**（二）办理费用**

网页著作权登记办理费用为 2000 元，超过一页的，每多一页多 100 元。

**（三）办理时限**

登记机关应自受理之日起 30 个工作日内完成登记。

# 第十一章 软件著作权登记

计算机软件是指计算机程序及其有关文档。计算机程序是指能实现一定功能的代码化指令序列，或者符号化语句序列。文档指用来描述程序的内容、组成、设计、功能规格、开发情况、测试结果及使用方法的文字资料和图表，如程序设计说明书、流程图、用户手册等。

软件著作权的保护期限：著作权人是自然人的，保护期为自然人终生及其死亡后 50 年；软件是合作开发的，截止于最后死亡的自然人死亡后第 50 年的 12 月 31 日。法人或者其他组织的软件著作权，保护期为软件首次发表之后 50 年，但软件自开发完成之日起 50 年内未发表的，不再保护。

软件著作权人：独立开发完成软件的自然人、法人或其他组织以及通过合同约定、继承、受让或者承受软件著作权的自然人、法人或者其他组织都可以成为著作权人。

## 一、软件著作权登记申请

### (一) 申请程序

在中国版权保护中心官网进行注册（首次申请者）→准备申请文件→提交申请文件→缴纳申请费用→登记机构受理申请→补正申请文件（非必需程序）→取得登记证书。

## （二）所需材料

1. 《软件著作权登记申请表》

第一次登记时，在中国版权保护中心网站上，首先进行用户注册。然后用户登录，在线按要求完整地填写申请表，确认无误后，提交并打印，然后盖章或签字，申请表需要原件。

2. 申请人的有效身份证明文件

（1）企业法人单位提交有效的企业法人营业执照副本的复印件。

（2）事业法人单位提交有效的事业单位法人证书副本的复印件。

（3）社团法人单位提交民政部门出具的有效的社团法人证书的复印件。

（4）其他组织提交工商管理机关或民政部门出具的证明文件复印件。

（5）著作权人为自然人的，应提交有效的自然人身份证复印件（正反面复印）。

（6）著作权人为外国自然人的，应提交护照复印件，及护照复印件的中文译本，并须翻译者签章，同时提交非职务开发保证书或非职务开发证明。

（7）著作权人为我国香港地区企业法人的，应提交登记证书和有效期内的商业登记证书正本复印件，并须经中国司法部委托的香港律师公证。

（8）著作权人为我国台湾地区企业法人的，须出示经台湾地区法院或公证机构认证的法人身份证明文件，填写并提交《台湾法人证明》。

（9）著作权人为外国法人及其他组织的，应提交申请人依法登记并具有法人资格的、经过公证认证的法律证明文件原件。

3. 源程序

源程序需要有页码，页眉上写上软件全称加版本号，每页不少于50行，应提交前、后各连续30页，不足60页的，应当全部提交。

4. 说明书或者操作说明

说明书或者操作说明要有页码，页眉写上软件全称加版本号，应提交前、后各连续 30 页，不足 60 页的，应当全部提交。

5. 联系人证明文件

申请人自行办理的，需提交联系人身份证明（身份证、护照、军官证等）复印件。

6. 权利归属的证明文件

（1）委托开发的，应当提交委托开发合同。

（2）合作开发的，应当提交合作开发合同。

（3）下达任务开发的，应当提交上级部门的下达任务书。

7. 代理人身份证明文件

委托代理人代为申请时，应提交申请人的代理委托书，并写明委托权限，签字或者盖章；还要提交代理人的身份证明文件。

以上各申请文件一式一份，均须签章。如在登记大厅现场办理的，还须出示办理人身份证明原件，否则不予办理。

（三）办理费用

自 2017 年 4 月 1 日起免收。

（四）办理时限

软件著作权登记申请，受理之日起 30 个工作日内完成。

## 二、变更及补充申请

软件著作权登记人或合同登记人可以对已登记的事项做变更或者补充登记。

（一）事项变更或补充

1. 允许变更的事项

（1）软件名称（包括全称、简称和版本号）；申请人可以申请软件版本号的变更，但仅限于版本号前加"V"或去掉"V"的变更。

（2）著作权人的姓名或名称。

2. 允许补充的事项

首次发表日期；未发表的软件登记后，在软件发表之后，针对发表日期可以办理补充登记。

(二) 不允许变更或补充的事项

（1）软件表达（功能的增加或修改）的变化。

（2）软件权利发生转移。

（3）开发完成日期、首次发表日期等事项的变更。

(三) 办理流程

填写申请表→提交申请文件→缴纳申请费→登记机构受理申请→补正申请文件（非必需程序）→取得证明。

需要说明的是，办理变更或补充登记申请前须先做软件登记概况查询。

(四) 所需材料

1.《变更/补充登记申请表》

申请人应当提交在线填写完整的申请表，确认、提交并打印，加盖公章。

2. 变更证明文件

自然人姓名变更的，应提交公安机关出具的证明原件或复印件；

法人名称变更的，应当提交注册机关出具的名称变更证明原件或复印件；

软件名称变更的，应当提交纸质变更理由说明并签章。

3. 身份证明文件

同软件著作权登记。

4. 登记证书

申请人应当提交软件著作权登记证书或证明的复印件。

5. 查询结果

办理此类登记须对软件进行著作权登记概况查询，查询结果是办理此类登记的申请文件之一。

6. 委托人身份证明

如委托代理人办理的，须提交代理委托书及代理人身份证明文件和联系人身份证复印件。

**（五）办理费用**

自 2017 年 4 月 1 日起免费。

**（六）办理时限**

软件登记事项变更或补充申请，受理之日起 10 个工作日。

# 三、软件著作权查询

**（一）所需材料**

（1）《软件登记查询申请表》：登录中国版权保护中心网站，按要求完整填写，写明查询软件名称、查询目的等，并打印盖章或签字。

（2）登记证书复印件。

（3）查询人身份证明：同软件著作权登记。

（4）联系人身份证明：同软件著作权登记。

（5）委托人身份证明：如委托代理人办理的，需提交代理委托书及代理人身份证明文件和联系人身份证复印件。

（6）如果是复印原始档案，需提交登记证书原件及调档说明。

需要提醒的是，以上文件均须签章。

## （二）查询费用

2017 年 4 月 1 日起免费。

## （三）办理时限

10 个工作日。

# 四、转让或专有许可合同登记

## （一）有关概念

计算机软件著作权转让登记是指，软件著作权的出让方与受让方就软件著作权的权利转移所签合同进行的登记。

计算机软件著作权专有许可合同指软件著作权人就其所享有权利的一项或多项，在特定时期和地域范围内，授权给被许可人专有使用的权利，即该项权利是独占的、排他的，除了被许可人有权使用外，其他任何人包括许可人本人都不得使用的权利。

## （二）办理流程

准备文件→提交申请文件→登记机构受理申请→审查→取得登记证书。

## （三）所需材料

软件著作权转让和专有许可合同登记申请文件应当包括合同登记申请表、合同原件或复印件、申请人身份证明、联系人身份证明、原登记证书复印件、查询结果各一式一份，具体要求如下。

（1）《合同登记申请表》：申请人应当提交在线填写并打印的申请表，申请表中的事项应当按要求填写完整；申请人签章应当是原件，并且应当与申请人名称一致。

（2）转让或专有许可合同：合同双方盖章的合同。转让合同中应当明确转让的软件名称及版本号、转让权利范围、转让地域范围、转让价金、合同生效日期等内容，合同应当符合著作权法及合同法的基本要求；专有许可合同中应当明确许可的软件名称及版本号、许可权利范围、许可地域范围、专有许可权利的期限等内容，合同应当符合著作权法及合同法的基本要求；合同双方需要签章。

（3）身份证明文件：合同双方身份证明文件，同软件著作权登记。

（4）原登记证书复印件：合同涉及已经办理过著作权登记或其他登记的，提交软件著作权登记证书或证明的复印件。

（5）查询结果：合同涉及软件已进行著作权登记的，须先做著作权登记概况查询，查询结果是办理此类登记的申请文件之一。

（6）委托人身份证明：如委托代理人办理的，需提交代理委托书及代理人身份证明文件和联系人身份证复印件。

（四）办理费用

2017年4月1日起免费。

（五）办理时限

软件著作权转让或专有许可合同登记申请，受理之日起10个工作日。

# 五、软件著作权质权登记

软件著作权质权登记，应由出质人与质权人共同到登记机构申请办理；但出质人或质权人中任何一方持对方委托书亦可申请办理。

（一）办理步骤

提交登记申请材料→登记机构核查接收材料→登记机构受理申请→审

查→领导审批→制作和发放《著作权质权登记证书》→公告。

## （二）所需材料

（1）《著作权质权登记申请表》：在中国版权保护中心网站下载申请表，表格按要求填写后，需打印并加盖单位公章，提交登记申请时需携带与打印版一致的电子申请表。

（2）出质人和质权人的身份证明：同软件著作权登记。

（3）主合同和著作权质权合同：合同应包括合同当事人的基本信息（姓名或者名称、身份证明号码、地址等）、被担保的主债权种类、数额、债务人履行债务的期限、出质著作权的内容和保护期（涉及作品的名称、出质著作权内容等）、质权担保的范围和期限、当事人约定的其他事项等。

（4）委托人身份证明：如委托代理人办理的，需提交代理委托书及代理人身份证明文件和联系人身份证复印件。

（5）以共同著作权出质的，提交共有人同意出质的的书面文件。

（6）著作权出质前授权他人使用的，提交该著作权的授权合同。

（7）出质的著作权经过价值评估的、质权人要求价值评估的或相关法律法规要求价值评估的，提交有效的价值评估报告。

（8）其他需要提供的材料：提交著作权登记证书；证明文件是外文的，需同时提交中文译本。

## （三）办理时限

登记机构应自受理之日起10个工作日内完成审查，符合要求的，登记机构予以登记，并颁发《著作权质权登记证书》。

## （四）办理费用

目前，根据有关规定，申请人申请著作权质权登记，暂时不需缴纳登记费用。

### （五）不予登记的情形

（1）出质人不是著作权人的。

（2）合同违反法律法规强制性规定的。

（3）出质著作权的保护期届满的。

（4）债务人履行债务的期限超过著作权保护期限的。

（5）出质著作权存在权属争议的。

（6）其他不符合出质条件的。

### （六）撤销登记的情形

（1）登记后发现有《著作权质权登记办法》第12条情形的。

（2）根据司法机关、仲裁机关或行政管理机关作出的生效裁决或行政处罚决定书应当撤销的。

（3）著作权质权合同无效或被撤销。

（4）申请人提供虚假文件或以其他手段骗取质权登记的。

（5）其他应当撤销的。

### （七）质权变更登记申请

申请质权变更登记的，应持质权变更登记申请表、变更协议、《著作权质权登记证》及其他有关文件向原登记机关办理著作权质权变更登记。登记机构自受理之日起10日内完成审查。经审查符合要求的，对变更事项予以登记。

申请变更的范围可以包括出质人和质权人的基本信息、著作权的基本信息、质权担保数额、质权担保范围等事项。涉及质权登记证书内容变更的，应交回原登记证书，由登记机构发放新的证书。

### （八）注销质权登记申请

当发生下列情形时，当事人可申请注销著作权质权登记：

（1）出质人和质权人协商一致同意注销。

（2）主合同履行完毕。

（3）质权人放弃质权。

（4）质权实现等。

申请人注销著作权质权登记的，应当提交注销质权登记申请书、注销登记证明、申请人身份证明等材料，并交回原《著作权质权登记证书》。登记机构自受理之日起10日内办理完毕，并发放注销登记通知书。

### （九）《著作权质权登记簿》的效力

著作权质权的设立、变更、转让和消灭，自记载于《著作权质权登记簿》时发生效力。因此，著作权质权的登记、变更、转让、注销、撤销都应当在《著作权质权登记簿》中记载，《著作权质权登记证书》中的内容与《著作权质权登记簿》记载不一致的，以《著作权质权登记簿》为准。

登记机构通过国家版权局官方网站公布著作权质权登记的基本信息，公众可以查询《著作权质权登记簿》中记载的有关信息。

## 六、补发或换发软件登记证书申请

软件登记证书或证明的正本、副本丢失或破损的，软件登记人可以申请补发或换发；登记软件为多个著作权人的，取得登记证书后要申请副本的，软件登记人可以申请补发或换发。

### （一）办理步骤

准备和提交所需资料→缴纳证书费→登记机构制证→获得证书。

### （二）所需材料

（1）《补发或换发软件著作权登记证书申请表》：申请人按照要求在线填写并打印的申请表，签字或者加盖公章。

（2）身份证明文件：同软件著作权登记。

（3）补发或换发软件著作权登记证书理由：申请人需提交书面陈述补发或换发软件著作权登记证书的理由，并签字或者盖章。

（4）原软件登记证书复印件。

（5）查询结果：办理此类登记需对软件进行著作权登记概况查询。

（6）委托人身份证明：如委托代理人办理的，需提交代理委托书及代理人身份证明文件和联系人身份证复印件。

（三）办理时限

自受理之日起10个工作日。

# 七、封存保管软件鉴别材料申请

申请封存的内容仅限于软件程序或文档的材料，程序和文档复制在A4纸上，以书面形式提交。目前由于条件所限，暂不封存软件样品或其他形式的电子形式的文件。依据《计算机软件保护条例》规定，封存期限为软件著作权保护期内。

（一）封存软件要求

已取得软件著作权登记证书的软件，可以提出封存保管申请，提交缴并纳相应的费用。

（二）申请文件

（1）《封存保管软件鉴别材料申请书》：在线填写申请表，核对申请表填写的软件著作权人名称、软件名称、登记号、软件版本号、封存材料及页数、封存期限等内容是否规范和符合规定，打印并签章。

（2）证明文件：审核申请人提交的身份证件及登记证明文件，如介绍信、身份证、证书原件。

（3）委托人身份证明：如委托代理人办理的，需提交代理委托书及代理人身份证明文件和联系人身份证复印件。

## 八、撤销软件著作权

依据《计算机软件著作权登记办法》第 23 条的规定，国家版权局可以根据最终的司法判决和著作权行政处罚决定撤销软件登记。经审查申请文件符合规定的，国家版权局予以撤销登记，向申请人发放撤销软件登记决定及送达通知书，并予以公告。

### （一）申请条件

撤销软件登记包括软件著作权登记、软件著作权转让和专有许可合同登记；撤销软件登记的申请人应当是与软件著作权有利害关系的人。

### （二）申请材料

申请人应当提交撤销软件著作权登记请求书、法院判决书、申请人身份证明、联系人身份证明、撤销理由的说明、查询结果等文件。

（1）撤销软件著作权登记请求书：申请人应当提交在线填写并打印的请求书，请求书中的事项应当按要求填写完整；申请人签章应当是原件，并且应当与申请人名称一致。

（2）证明材料：应提交与软件相关的最终司法判决或生效的行政处罚决定等证明文件。

（3）身份证明文件：同软件著作权登记。

（4）撤销理由说明：申请人应书面陈述撤销软件登记的理由，并签字或者盖章。

（5）查询结果。

（6）委托人身份证明：如委托代理人办理的，需提交代理委托书及代理人身份证明文件和联系人身份证复印件。

## 九、撤回计算机软件登记

依据《计算机软件著作权登记办法》第 15 条的规定，申请人在登记申请批准之前，可以随时请求撤回申请。

### （一）申请条件

撤回申请的范围包括软件著作权登记申请、合同登记申请及变更/补充登记申请；撤回计算机软件著作权登记申请的申请人应当是软件著作权登记申请人、合同登记申请人或变更/补充登记申请人。

### （二）所需材料

申请人应当提交撤回登记申请表、申请人身份证明文件、联系人身份证明、受理通知书原件、撤回理由说明。

（1）撤回登记申请表：申请人应当提交在线填写并打印的申请表，申请表中的事项应按要求填写完整；申请人签章应当是原件，并且应当与申请人名称一致。

（2）申请人身份证明文件：同软件著作权登记。

（3）受理通知书原件：申请人应交回该登记受理通知书原件。

（4）撤回理由说明：申请人应当书面陈述撤回登记申请的理由，理由阐述合理、充分、真实，并签字或者盖章。

（5）委托人身份证明：如委托代理人办理的，需提交代理委托书及代理人身份证明文件和联系人身份证复印件。

## 十、撤销或放弃计算机软件登记

依据《计算机软件著作权登记办法》第 24 条规定，软件登记人可以申请撤销软件登记，中国版权保护中心可以依据申请人的申请，撤销软件登记。申请人提交的申请文件符合规定的，中国版权保护中心予以撤销登记，向申请人发放撤销计算机软件著作权登记通知书，并予以公告。

**（一）申请条件**

撤销软件登记的范围是软件著作权登记与合同登记；撤销软件登记的申请人应当是软件著作权登记人、合同登记人。

申请人应当提交撤销或放弃软件登记申请表、申请人身份证明、联系人身份证明、撤销或放弃登记的理由、原软件登记证书和查询结果等文件。

**（二）所需文件**

（1）《撤销或放弃软件登记申请表》：申请人应当提交在线填写并打印的申请表，申请表中的事项应当按要求填写完整，打印签章；有共同登记人的，需要有共同登记人在申请表中签署意见及签章。

（2）身份证明文件：同软件著作权登记。

（3）撤销或放弃登记的理由：申请人需提交书面陈述撤销或放弃登记的详细理由，并签章。

（4）原软件登记证书：交回软件登记证书，如有多个证书的须一并交回。

（5）查询结果。

（6）委托人身份证明：如委托代理人办理的，须提交代理委托书及代理人身份证明文件和联系人身份证复印件。

# 第十二章　著作权相关权利登记

## 一、著作权有关规定

与著作权有关的权利又称为邻接权、作品传播者权，它是在传播作品过程中产生的权利。作品创作出来后，经传播者的创造性劳动而公之于众，该创造性劳动即为受法律保护的邻接权。《中华人民共和国著作权法》第四章规定，邻接权主要是指出版者的权利、表演者的权利、录像制作者的权利、录音制作者的权利、广播电台、电视台对其播放的广播电视节目的权利。

## 二、可以登记的权利

### （一）图书、报刊出版者可以登记的权利

出版者有权许可或者禁止他人使用其出版的图书、期刊的版式设计，享有版式设计专有权。该权利的保护期为10年，截止于使用该版式设计的图书、期刊首次出版后第十年的12月31日。图书、期刊出版者可以申请版式设计专有权的登记。

### （二）表演者可以登记的权利

《中华人民共和国著作权法》第37条规定，表演者对其表演享有下列

权利：

(1) 表明表演者身份；

(2) 保护表演形象不受歪曲；

(3) 许可他人从现场直播和公开传送其现场表演，并获得报酬；

(4) 许可他人录音录像，并获得报酬；

(5) 许可他人复制、发行录有其表演的录音录像制品，并获得报酬；

(6) 许可他人通过信息网络向公众传播其表演，并获得报酬的权利。

其中，(1)、(2) 项规定的权利的保护期不受限制。(3) ~ (6) 项规定的权利的保护期为 50 年，截止于该表演发生后第五十年的 12 月 31 日。表演者可以申请登记上述全部权利或部分权利。

**(三) 录音、录像制作者可以登记的权利**

《中华人民共和国著作权法》第 41 条规定，录音录像制作者对其制作的录音录像制品享有许可他人复制、发行、出租、通过信息网络向公众传播并获得报酬的权利；权利的保护期为 50 年，截止于该制品首次制作完成后第五十年的 12 月 31 日。录音录像制作者可以申请登记上述全部权利或部分权利。

**(四) 广播电台、电视台可以登记的权利**

《中华人民共和国著作权法》第 45 条规定，广播电台、电视台有权禁止未经其许可的下列行为：

(1) 将其播放的广播、电视转播；

(2) 将其播放的广播、电视录制在音像载体上以及复制音像载体。

前款规定的权利的保护期为 50 年，截止于该广播、电视首次播放后第五十年的 12 月 31 日。广播电台、电视台可以申请登记上述权利。

**(五) 登记流程**

在中国版权保护中心进行注册（首次申请者）→准备登记文件→提交

登记申请材料→缴纳登记费用→登记机构受理申请→审查→制作发放登记证书→公告。

### （六）所需材料

（1）《与著作权有关权利事项登记申请表》：适用于录音录像制作者对其录制的录音、录像制品，表演者对其表演，广播电台、电视台对其播放的广播、电视，出版者对其出版的图书、期刊的版式设计有关事项的登记申请，登录中国版权保护中心在线填写完整的申请表，并打印盖章或签字；

（2）申请人的身份证明：同作品著作权登记；

（3）权利归属证明文件；

（4）录音、录像制品、版式设计样本和记载有表演或广播、电视内容的材料样本；

（5）代理人身份证明：同作品著作权登记。

### （七）办理费用

著作权相关权利登记的办理费用如表 12-1 所示。

表 12-1　著作权相关权利登记费用标准

| 收费项目 | 计价单位 | 收费标准（元） |
| --- | --- | --- |
| 录音制品 | 件 | 歌曲：300 元/首，专辑：2000 元，其他：半小时以内 300 元，半小时以上 500 元 |
| 录像制品 | 件 | 半小时以内 300 元<br>每多半小时加 100 元 |
| 版式设计 | 件 | 500 元 |
| 广播电视节目 | 件 | 半小时以内 300 元，半小时~1 小时 500 元，1 小时以上 800 元 |
| 表演 | 件 | 按照表演作品的类型著作权登记收费标准执行 |

# 商业秘密篇

商业秘密作为知识产权的重要组成部分，因近年频发的商业秘密纠纷而越来越受到重视，电子商务类企业属于智力活动较多的领域，建议电子商务企业加大对商业秘密保护的关注度。本篇从实际操作层面详细介绍保护商业秘密不被泄露的途径以及商业秘密侵权应对措施等。

# 第十三章　商业秘密保护

商业秘密，是指不为公众所知悉，能为权利人带来经济利益、具有实用性并经权利人采取保密措施的技术信息和经营信息。换而言之，商业秘密是企业所拥有的未公布的知识产权。我国《反不正当竞争法》《劳动法》《刑法》等法律都对商业秘密进行了保护。

在信息传输无限制的网络时代，如何保证技术秘密和经营信息不被公开或被竞争对手所掌握，是企业生死存亡的关键。可以说，商业秘密的保护贯穿企业发展的各阶段，尤其是在员工入职时、员工离职时、研究开发期、申请专利权时和商业合作时。

在商业秘密保护中，企业面临的最大风险就是商业秘密泄露的法律风险，侵犯商业秘密情节严重的，可以构成侵犯商业秘密罪，而商业秘密一旦遭到侵犯，即使获得赔偿，有关信息的秘密性也可能丧失。

## 一、保护商业秘密不泄露的途径

### （一）员工入职时的知识产权背景调查

企业聘用新员工时，对新员工进行适当的知识产权背景调查，新进员工入职时除了签订劳动合同以外，还要签订保密协议，保证在工作期间不泄露公司的商业秘密。

**【示例一】** 入职员工知识产权背景调查表

本公司保留必要时向候选人/员工进一步获取更多信息的权利。本公司候选人/员工有义务配合本次调查且保证以下资料的真实性。

| 姓名 | | | 性别 | |
|---|---|---|---|---|
| 应聘部门 | | | 所学专业 | |
| 之前是否参加工作 | | □是　　□否 | | |

| | | 上一条若选择"是",请填写以下内容 | | |
|---|---|---|---|---|
| 近三年从事的工作情况 | 公司1 | 公司名称 | | 公司地址 | |
| | | 就职起始时间 | | 工作岗位 | |
| | | 工作内容 | | | |
| | | 人事部门联系人姓名 | | 电话 | |
| | | 离职原因 | | | |
| | 公司2 | 公司名称 | | 公司地址 | |
| | | 就职起始时间 | | 工作岗位 | |
| | | 工作内容 | | | |
| | | 人事部门联系人姓名 | | 电话 | |
| | | 离职原因 | | | |

备注:如表格不够,请另附纸张。

尽你所知,你是否和前(或现)雇主或者其他公司签订过类似竞业限制协议,并可能会影响你在本公司的工作?

1. □　是　　□　否

如果是,请列出相关限制。

是否申请过专利?专利号、申请国家请列明。

| 类型 | 申请号/专利号 | 专利名称 | 状态 |
|---|---|---|---|
| | | | |
| | | | |

2. 你曾经有过以下情形吗？包括：
（1）因为不正当行为或者原因而被辞退；
（2）未通过背景调查；
（3）曾被取消进入公司相关设施的权限。
如果有，请全面解释：

签字：　　　　　　　　　　　　　　日期：

【示例二】新入职员工知识产权声明

甲方：　　　　　　　　　　乙方：
法定代表人：　　　　　　　身份证号：
住所地：　　　　　　　　　住址：

乙方因在甲方单位履行职务（责），已（或将）知悉甲方秘密信息，为明确乙方的保密义务，乙方本着平等、自愿、公平和诚实信用的原则，特此声明。

1. 本人情况的声明。新入职员工声明提供的一切关于知识产权的资料都是真实的。如存在欺诈行为，企业有权解除劳动合同，并不负担任何赔偿责任；给公司造成损害的，由员工承担赔偿责任。

2. 劳动关系声明。新入职员工声明员工本人与其他企业无劳动关系，企业不会因为聘用本人引起任何纠纷，企业的聘任也不会违反与前企业签订的竞业限制、保密协议，引发的法律责任由员工承担。

3. 对于企业各项规章制度的声明。新入职员工声明企业已经出示了各项规章制度，员工本人将对其予以严格遵守，并且严格保守企业关于知识产权的各项信息，如商业秘密、技术秘密等。

甲方：（签章）　　　　　　　　　　乙方：（签名）
法定代表人或授权人签字：
　年　月　日　　　　　　　　　　　　年　月　日

【示例三】保密责任书

甲方：

乙方：×××知悉并同意下列各项保密责任条款：

1. 为了防止乙方在职期间泄露或离职后非法使用、泄露甲方商业秘密，给甲方造成不良影响或重大损失，现根据国家有关法律及甲方有关保密制度的规定，制定本责任书。（本责任书所述商业秘密是指不为公众所知悉，能为甲方带来经济效益，具有实用性并经甲方采取保密措施的技术信息、经营信息。具体包括甲方非专利技术成果、研究报告、经营策略、供货与销售渠道、客户名单、财务账簿、价目表、广告策略、市场情报、文件资料、保密性教材。）

2. 乙方在甲方工作期间产生的知识产权权属属于甲方所有，乙方享有署名权、获得奖励/报酬的权利。甲方保障乙方作为发明人享有的各项权利。

3. 甲方允许乙方在职期间或离职后使用非甲方商业秘密及各式文案资料的知识和经验，乙方必须保证不得损害甲方的形象和利益。

4. 乙方必须严格遵守有关法律法规及甲方保密制度中关于保密方面的规定。

5. 乙方离职离岗后，在甲方商业秘密未为公众所知之前，不得擅自使用获取利益，不得披露、允许第三人使用。在合同解除后，乙方不得到甲方生产或经营同类业务的有竞争关系的第三人或自己经营从事同类业务的工作。否则，乙方应承担相应的赔偿责任。但竞业期，甲方应给予乙方经济补偿。竞业期为二年。该经济补偿待竞业期届满且乙方未违约时支付。

6. 凡乙方在职期间泄露或离岗后使用、泄露甲方商业秘密，致使甲方蒙受损失的，甲方将诉诸法律，追究乙方民事、经济、刑事责任。

（1）《反不正当竞争法》第20条规定，侵犯商业秘密给权利人造成损害的，侵权人应当承担赔偿责任，赔偿额为因侵权所获利润，并应当承担被侵害方因调查该侵害行为所支付的合理费用。

(2)《反不正当竞争法》第25条规定，侵犯商业秘密的，监督检查部门应当责令其停止违法行为，并可以根据情节对侵犯人处以1万元以上20万元以下的罚款。

(3)《刑法》第219条规定，侵犯商业秘密给权利人造成重大损失的，处以3年以下有期徒刑或拘役，并处以罚金；造成特别严重后果的，处以3年以上7年以下有期徒刑，并处以罚金。

7. 乙方在职期间泄露或离岗后使用、泄露甲方商业秘密，造成甲方损失的，乙方必须全额赔偿损失；不能全额赔偿的，乙方须与甲方签订《还款协议书》或提供担保，限期偿还，直至全额赔偿。甲方可保留追偿权（至少每年追偿一次）。

8. 此责任书一式两份，自双方签字盖章之日生效。

甲方（盖章）：     乙方（手印）：
负责人：        签订日期： 年 月 日

### （二）加强保密培训

为加强人员保密意识，应当定期对员工进行保密教育和宣传。如进行保密知识培训，利用报纸、杂志、板报等形式宣传保密法规等；也可根据情况，在员工的劳工合同中设定保密条款或签订保密协议。

### （三）企业经营中的知识产权保护措施

**1. 研究开发时**

在技术开发阶段，对技术情报、资料、试验数据、设计方案、技术程序、电子文档、开发计划和进度等信息缺少保护，尤其是对核心技术员工掌握的技术数据和成果缺少有效监控，有的技术开发人员甚至为了晋升高级职称擅自发表论文，把整个技术研制的过程、主要理论依据、主要的技术参数都通过论文不经意地公开，致使技术成果价值流失。

企业商业秘密过于集中，使个别员工或几个员工掌握企业整套能够投放市场的商业秘密,一旦员工离职则导致商业秘密泄露。研制系统过于集中,员工能够集中接触商业秘密,以致几个员工就可以带走公司的一个完整技术。

此外,广告、商贸展览等信息发布行为可能降低秘密性。对新开发的技术进行说明和描述,就属于向公众披露,从法律上讲,就等于放弃或损害了企业获得商业秘密保护的权利。企业不慎重地对外发布或泄露研发信息,容易导致竞争对手的警觉和重视,使其在技术上率先取得突破,对企业市场先机的取得十分不利。

2. 申请专利权时

获取专利权要求在申请的过程中公开技术秘密,因此容易被他人通过专利申请检索获取关键信息,进行模仿或利用,进而发生申请者尚未取得专利权,而市场上已出现同类产品,由此产生复杂的法律风险。

如果一个企业缺少保护意识,就有可能将全部技术秘密或核心技术成果通过法定的公布程序公开(专利申请初步审查合格后,满18个月后即行公布),其后果可想而知。因此,公开范围的大小、是否涉及核心技术秘密、是否容易被模仿等,都应是企业在申请专利过程中必须考虑的问题。

3. 商业合作时

商业合作可分为技术开发时的商业合作、采购时的商业合作、生产时的商业合作、销售时的商业合作。企业在从事这些外部商业合作时,也是最容易泄露商业秘密的时候,关键在于保密意识不强,保密制度不健全。企业往往只重视商业合作本身,而缺少相关的商业秘密保护手段或措施。企业可以通过以下途径保护商业秘密不泄露:

(1)在合同中明确知识产权权属、许可使用范围、侵权责任承担、利益分配和后续改进的成果权属和使用等条款。

(2)合作伙伴考察、参观过程中不泄露公司商业秘密。

(3)合作期间保护双方商业秘密。

## （四）员工离职时的知识产权保护措施

公司辞退员工或者员工辞职时，除了与其谈话提醒知识产权事项外，还应要求其离职后保守公司的商业秘密并做相应的记录。对于关键岗位和技术岗位的工作人员，公司还应与其签订竞业限制协议。

1. 离职手续示意

【示例四】员工离职交接表

各相关部门：

请按以下顺序为该员工办理离职交接手续，并在相应位置签名确认交接完成。

| 姓名： | 部门： | 正式离职日期： 年 月 日 | |
|---|---|---|---|
| 所属部门意见 | □无须交接<br>□先指定交接的工作（包括工作具体内容、工作文档、工作进度情况），请立即进行交接。<br>□附《工作交接表》 页；□不附《工作交接表》 | | |
| | 移交人签字：<br>部门主管<br>日期： | 接交人签字：<br>日期： 年 月 日 | |
| 办公用品 | 办公用品交接<br>□无借领□已归还□未归还□损毁□无损毁□遗失应赔偿　　元<br>办公用品管理人员签名：<br>日期： 年 月 日 | | |
| 财务部 | 借款情况．□无借款□已归还□未归还，尚欠款　　元<br>报账情况：□无报账□已报账□未归还，尚欠款　　元<br>财务办理人签名： 日期： 年 月 日 | | |
| 办公室 | 涉密资料交割情况：<br>　办公室负责人签名：　　　　　日期：　年 月 日 | | |
| | 人事主管签字： 年 月 日 | | |

员工离职承诺：

1. 不带走载有企业秘密信息的一切载体，包括记录企业秘密信息的文件、资料、图表、笔记、报告、传真、磁盘以及其他任何形式的载体，不将这些载体及复制件擅自保留或交给其他任何人；

2. 承诺自离职之日起，不利用在企业任职期间接触、知悉的技术、商业秘密从事与企业有竞争关系的任职、投资、经营等业务；

3. 任何时候不侵犯企业的合法权益，维护企业声誉，包括但不限于不发表、不传播有损于企业名誉的言论，不利用企业原有商业渠道从事经营活动；

4. 在离职后仍应继续保守在企业任职期间接触、知悉的属于企业或虽属于第三方但企业承诺有保密义务的技术、商业秘密，同样承担与在企业任职时一样的保密义务；

5. 如有违反，将赔偿因此给企业造成的损失并承担由此引起的一切法律责任。

本人签字：

年　月　日

办公室：

现有部门员工，已办理好离职手续，于　　年　月　日正式离职，请按有关规定结算工资，谢谢。

办公室负责人签字：　　　　日期：　年　月　日

2. 离职时约定、保密约定及竞业限制协议

涉及核心知识产权的员工离职或退休时，应交回属于公司的全部资料、实验数据、仪器设备、样品，以书面形式明确知识产权的权属、其承担的竞业禁止义务。

【示例五】竞业限制协议

甲方：

住所：

法定代表人：

乙方：

住所：

身份证号码：

鉴于乙方知悉的甲方商业秘密具有重要影响，为保护双方的合法权益，双方根据《中华人民共和国劳动合同法》《中华人民共和国反不正当竞争法》等有关法律法规的规定，本着平等自愿和诚信的原则，经协商一致，达成下列条款，双方共同遵守。

一、乙方义务

1. 未经甲方同意，在职期间不得自营或者为他人经营与甲方同类的行业。

2. 不论因何种原因从甲方离职，离职后2年内不得到与甲方有竞争关系的单位就职。

3. 不论因何种原因从甲方离职，离职后2年内不自办与甲方有竞争关系的企业或者从事与甲方商业秘密有关的产品的生产。

二、甲方义务

从乙方离职后开始计算竞业限制时起，甲方应当按照竞业限制期限向乙方支付一定数额的竞业限制补偿费。补偿费的金额为乙方离开甲方单位前一年的全部基本工资［不包括奖金、福利、劳保等］。补偿费按季支付，由甲方通过银行支付至乙方银行卡上。如乙方拒绝领取，甲方可以将补偿费向有关方面提存。

三、违约责任

1. 乙方不履行规定的义务，应当承担违约责任，一次性向甲方支付违约金，金额为乙方离开甲方单位前一年的全部基本工资的5倍。同时，乙方因违约行为所获得的收益应当还甲方。

2. 甲方不履行义务，拒绝支付乙方的竞业限制补偿费甲方应当一次性支付乙方违约金人民币5万元。

四、争议的解决方法

因执行本协议而发生纠纷的，可以由双方协商解决或共同委托双方信任的第三方调解。协商、调解不成，双方均可向甲方住所地人民法院提起诉讼。

五、双方确认

签署本协议前，双方已经详细审阅协议的内容，并完全了解协议各条款的法律含义。

六、协议变更

本协议的任何修改必须经过双方的书面同意。

七、协议生效

本协议自双方盖章签字之日起生效。本协议一式二份，甲乙双方各执一份。

甲方：（盖章）　　　　　　　　　　乙方：

法定代表人：

　年　月　日　　　　　　　　　　　　年　月　日

**【示例六】离职人员知识产权事项提醒表**

| 姓名 | | 性别 | 男 女 |
|---|---|---|---|
| 部门 | | 职位 | |
| 就职时间 | | 联系电话 | |
| 知识产权信息 | | | |

| 知识产权信息 | （请列明已申请或完成的专利、版权、著作权等相关信息，若没有在单位期间申请上述知识产权。由离职人员自己填写在实际工作中接触到的图纸、技术方案等信息） | | |
|---|---|---|---|
| 1. 你是否了解在离职后对属于本企业或者属于第三方但是本企业承诺有关保密义务的技术秘密承担保密义务？ | | □是 | □否 |
| 2. 你是否了解上述技术秘密包括但不限于技术方案、技术指标、计算机软件、研发开发记录、技术报告、检测报告、产品设计、产品配方、实验数据、试验结果、操作手册、技术文档、相关函电等？ | | □是 | □否 |
| 3. 你是否了解在离职后对属于本企业或者属于第三方但是本企业承诺有关保密义务的商业秘密承担保密义务？ | | □是 | □否 |
| 4. 你是否了解上述商业秘密包括但不限于客户名单、产品信息、技术核心、行销计划、采购资料、定价政策、财务资料、进货渠道等？ | | □是 | □否 |
| 5. 你是否已经上交因职务需要所持有或保管的一切记录本企业秘密信息的文件、资料、笔记、报告、信件、传真、磁带、磁盘、仪器以及其他任何形式的载体？ | | □是 | □否 |

记录人：　　　　　　　　　　签字

离职时间：　　　　　　　　　年　月　日

## （五）离职后商业秘密侵权的处理

针对员工离职后的商业秘密侵权处理，应视不同情况，采取不同方式处理。

（1）判定侵犯的客体是不是秘密，即是否采取了保密保密措施。

（2）双方是否签订保密协议及竞业禁止协议等，如果有约定，则可根据协议约定负担相关赔偿责任或协商解决。

（3）可根据损失大小或责任重大以及无法协商，采取司法途径解决。

## 二、商业秘密侵权及应对措施

企业针对员工离职后侵犯商业秘密的行为应当采取相应对策，保护企业经济利益。

1. 企业内部应加强商业秘密的保护

（1）加强对员工的宣传教育，特别是接触企业产品信息、技术信息、网络管理等技术人员，对这些人员进行有关的保密培训，以强化其保密意识和保密责任。

（2）增强保密措施，对新入职员工进行适当背景调查，以避免侵犯他人知识产权，对于与知识产权关系密切的岗位，应要求其签署知识产权声明文件。当具有特殊工作权限的人员离职后马上终止其享有的一切权限，对其进行相应的知识产权事项提醒，认真审核其离职手续，签订离职承诺。

2. 与员工签订保密协议

签订保密协议是保护商业秘密流失的一个重要方式。对特定岗位特定人员，可规定脱密期或预期违约金。另外，对特定技术人员可以设定竞业限制，签订竞业限制协议，但设定竞业限制时要注意给予相应的经济补偿，否则该竞业限制条款将可能无效。

3. 对企业关键岗位员工提供特殊待遇

对为企业发展做出重要贡献的技术人员，实行终身员工制，享受高于一般员工的工资、医疗、住房、养老、保险等方面的待遇。对于这些高知密人才，给他们应得的报酬和待遇，以控制人才外流。返聘、留用有一技之长的技术工人，以充分发挥他们的才能，使他们思想和工作稳定，才不容易发生人才缺失。

4. 企业可以利用法律武器保护商业秘密

（1）当企业的商业秘密被侵犯后，应着手做好以下工作：

①判断该秘密是否属商业秘密的范围，是否符合法定要件。

②调查收集证据，包括采取的保密措施，证明侵权行为成立的证据材料以及侵权行为给公司造成的损害或侵权人获得的利润等方面的材料。

③尽量减少因仲裁或诉讼而引发的信息披露可能带来的后果。如公司就商业秘密的"不为公众所知"聘请专家鉴定时，应与要聘请的专家签订保密条款或相关协议，并要求被告及其代理人书面承诺不泄露或使用庭审中所了解到的商业秘密。

（2）企业可以通过以下方式寻求救济。

①行政救济。《反不正当竞争法》第25条规定，违反该法侵害商业秘密"监督检查部门应当责令停止违法行为，可以根据情节处以一万元以上二十万元以下的罚款"，该规定为处理侵害商业秘密行为提供了法律依据；《关于侵犯商业秘密的若干规定》指出，侵犯商业秘密行为由县级以上工商行政管理机关认定和处理。所以，当企业商业秘密遭到侵害时，企业应当及时向工商部门检举，并提供相关的侵害证据，要求工商机关予以查处。

②民事救济。当企业商业秘密遭到侵害时，企业可以提出侵权损害赔偿之诉，同时，在签订有保密协议的情况下，也可以依据合同，要求侵害人承担违约责任。提起民事诉讼时，企业要重视有关证据的采集和保护，如先前与员工订立的保密协议、内部规章、员工手册、行政机关的处理以及侵害方的侵权产品等相关证据。由于许多侵权证据都保存于侵害方场所，企业在起诉前，可以向法院申请证据保全，防止侵害方隐匿和毁弃证据导致举证不能。若侵害方承担责任的能力有限，企业应当同时申请诉前财产保全。此外，由于案件涉及企业的商业秘密，如该秘密尚未扩散为公知信息，企业应当依据《民事诉讼法》第120条的规定，依法申请不公开审理。

③刑事救济。我国《刑法》第219条规定侵犯商业秘密并造成权利人

重大损失的，可以处以最高 7 年以下的有期徒刑，并处以罚金。对于重大损失的认定，依据最高人民检察院、公安部《关于经济犯罪案件追诉标准的规定》第 65 条规定：第一，给权利人造成直接经济损失数额在 50 万元以上的；第二，致使权利人破产或造成其他严重后果的。

域 名 篇

电子商务领域，创业企业相对较多，与其他实体企业相比，电子商务领域的创业企业从成立伊始尤其需要注重域名保护，本篇详细介绍域名的命名、域名登记、维护及纠纷处理的实务操作细节，对电子商务类企业具有一定的帮助。

# 第十四章　域名登记及流程

域名（Domain Name），是由一串用点分隔的名字组成的因特网上某一台计算机或计算机组的名称，用于在数据传输时标识计算机的电子方位。域名就是上网单位的名称，是一个通过计算机登上网络的单位在该网中的地址。

申请域名是在互联网上建立任何服务的基础，电子商务类企业如果要展开电子商务工作，就需要取得一个域名。域名由若干部分组成，包括数字和字母。

一个域名的注册，需要如下步骤：准备申请资料→域名命名→寻找域名注册网站→域名注册→whois 查询→DNS 解析→域名证书颁发。

## 一、登记的准备

（1）域名的所有人，个人填写姓名，企业填写公司全称。
（2）域名所有人的身份证/企业营业执照、联系方式、地址。
（3）域名联系人的联系方式、地址。

## 二、域名命名

（一）域名构思

从商业角度来看，域名是"企业的网上商标"，域名和商标有着千丝万缕的联系。域名常常可以从以下三点进行构思：

（1）单位名称的中、英文缩写；

（2）企业的产品注册商标；

（3）与企业广告语一致的中英文关键词。

**（二）命名原则**

域名命名应考虑以下几个原则：

（1）域名应该简明易记，便于输入。这是判断域名好坏最重要的因素。一个好的域名应该短而顺口，便于记忆，最好让人一眼就能记住，而且读起来发音清晰，不会导致拼写错误。此外，域名选取还要避免同音异义词。

（2）域名要有一定的内涵和意义。用有一定意义和内涵的词或词组作域名，不但可记忆性好，而且有助于实现企业的营销目标。如企业的名称、产品名称、商标名、品牌名等都是很好的选择，这样能够使企业的网络营销目标和非网络营销目标达成一致。

（3）注册.com、.cn下的域名。.com是首选的顶级域名，可显示企业的全球化理念；.cn是国内顶级域名。

**（三）命名限制**

域名命名时不得使用或限制使用的名称以及所需材料：

（1）注册含有"CHINA""CHINESE""CN""NATIONAL"等单词的域名须经国家有关部门（指部级以上单位）正式批准。

（2）公众知晓的其他国家或者地区名称、外国地名、国际组织名称不得使用。

（3）县级以上（含县级）行政区划名称的全称或者缩写，注册时需获得相关县级以上（含县级）人民政府正式批准。

（4）行业名称或者商品的通用名称不得使用。

（5）他人已在中国注册过的企业名称或者商标名称不得使用。

（6）对国家、社会或者公共利益有损害的名称不得使用。

说明：经国家有关部门（指部级以上单位）正式批准和相关县级以上（含县级）人民政府正式批准是指，相关机构要出具书面文件表示同意××××单位注册×××域名。

## 三、域名注册网站

目前，国内提供域名注册服务的企业很多，建议企业选择经过 CNNIC 和 ICANN 授权认证的国内顶级域名注册商，这类服务商提供的域名服务更正规，域名资源更全面，后续服务也更有保障。当然也不是说域名注册机构的名气越大就越好，相对便宜的价格也不一定就能够减少成本，服务和规范性才是域名安全的重要考核指标。

## 四、域名注册

企业根据自身发展需求综合各方面因素选择合适的域名，在域名注册网站注册用户名后查询域名，确认域名为可申请状态后，提交注册，并缴纳年费，在完成支付前，首先要选择或者填写真实申请信息。输入任意模板关键字（名称、注册人、邮箱）选择信息模板；如果申请人没有任何模版，可以选择快速注册模版暂时代替，或者选择直接手工输入域名申请信息。

## 五、Whois 查询

Whois 就是一个用来查询域名是否已经被注册成功，以及注册域名的详细信息的数据库（如域名所有人、域名注册商、域名注册日期和过期日期等），即通过 whois 实现对域名信息的查询，在各个域名注册网站均有 whois 查询功能模块。

为了保证域名持有者合法持有域名、正当开展互联网应用的合法权益，注册后，企业应当及时关注域名信息的变化，确保域名注册信息的真实、准确、完整。

## 六、DNS 解析

域名与 IP 地址之间是一一对应的，域名解析就是域名到 IP 地址的转换过程，需要由专门的域名解析服务器即 DNS 来完成，整个过程是自动进行的。

企业在域名注册网站完成域名注册后即可开始进入 DNS 解析管理、设置解析记录等操作。域名的解析工作由 DNS 服务器完成，但由于各服务商规模和实力良莠不齐，解析系统的稳定性有效保障也有所差别，所以，为了保障网站和邮箱的稳定访问，建议用户选择比较知名的域名服务商。

此外，还可以通过以下两个途径进行解析。

途径一：直接访问域名自助管理平台 http://www.vipdns.cn/，使用域名和管理密码登录，点击"My DNS 功能"进入。

途径二：登录域名注册商网站，在域名管理中勾选域名，点击"mydns 解析设置"进入。

## 七、域名证书

域名申请成功后会有域名证书，域名证书是备案必需品，可以向域名服务商索要，《国际域名注册证书》是由国际顶级域名权威机构 ICANN（The Internet Corporation for Assigned Names and Numbers）授权颁发，《中国国家顶级域名证书》是由中国互联网络信息中心（China Internet Network Information Center，CNNIC）中国域名注册管理机构和域名根服务器运行机构出证。

## 八、续费

域名申请成功后,与注册服务机构保持顺畅联系,确保能够通过注册服务机构按时续费。

根据《中国互联网络信息中心域名注册实施细则》规定,每年域名到期日同申请日。域名到期后的 30 日为续费确认期。如果在上述期限内书面表示不续费,域名注册服务机构有权在 30 日后注销该域名;如果在上述期限内未书面表示不续费,也未续费,域名注册服务机构有权在上述期限届满之日注销该域名。

# 第十五章　域名日常维护

域名注册成功后一定要定期检查域名服务器系统。域名安全一定要防患于未然，保障域名安全，提升网站安全属性需要注意以下几点。

## 一、选择合适的域名注册商

并非所有的域名注册平台都有所保障，随着问题漏洞的累积，未来也可能会出现更多的弊端，所以，选择一个安全的域名服务平台尤为重要。一个好的域名注册对域名的管理方面、域名过户转移方面都有严格的规章制度，域名也就不会轻易地被劫持走。所以说，域名所有者一定得慎重选择域名注册商，这样不仅能保证域名财产安全，还可以防止域名盗窃的发生。

## 二、合理使用验证工具

为防止用户由于账号密码泄漏或者域名注册信息被黑导致域名被取回等问题发生，就必须随时掌控域名账号安全。有些域名服务商提供安全验证措施，使用二次验证工具可以防止某一个特定注册用户用特定程序暴力破解方式进行不断地登录尝试。

## 三、注册时填写真实信息

由于域名的注册人信息和注册人邮箱是域名拥有权的重要依据，最好填真实信息，如果填虚假信息，一旦域名被盗将很难拿回。

## 四、保障相关域名账号密码安全

大多数域名被盗的情况都是由于域名注册邮箱先被盗，继而导致域名被盗，因此，保护邮箱安全是域名安全的最重要措施。对于域名注册邮箱需要设置单独的密码，长度最好在 16 位以上，并且密码中包含有大写字母、小写字母、数字和特殊字符。实名认证、捆绑手机、邮箱改密通知、收到邮件短信通知等都是保障邮箱安全的有效手段，使用至少 2 个邮箱来绑定或申请网络服务，并确保邮箱密码不重复使用。需要注意的是，千万不要在网上泄露网站相关的重要信息，最好每隔一段时间更改一次密码，以免遭人窃取。

## 五、及时保留有效域名信息

有效域名信息包括域名注册人信息等，当申请人注册完域名后可以直接去域名管理后台打印一份域名 whois 信息或域名证书作为证据，一旦口后域名出现纠纷或被盗，可以作为一个强有力的有效证据。

## 六、建议通过权威中介进行域名交易过户

很多域名是在过户的过程中被盗的，这样的案例也很多，建议在交易域名时一定要通过比较权威的中介交易来保证自己的合法利益。

# 第十六章 域名的纠纷处理

随着互联网经济的高速发展,域名的商业价值也日趋明显,而域名的唯一性、稀缺性等特征给域名注册者带来客观的商业利益的同时,引发大量的域名纠纷,域名纠纷的形态也更类似于一般的商业竞争纠纷,如域名对商标的混淆和"淡化",同名商标在申请域名时"撞车"(若"熊猫电子"和"熊猫洗衣粉"都以商标申请域名),域名的内容侵犯他人商誉等。电子商务类企业应该根据企业发展规划,通盘考虑域名注册,强化防御性域名注册,以防患于未然。尽早将自己的商标与品牌注册成域名,是对自己权益最好的保障。

中国互联网络信息中心(CNNIC)于2000年着手建立一套中国的域名争议解决制度,委托中国社会科学院知识产权中心调研,论证和起草《中国互联网络域名争议解决办法》,指定中国国际贸易促进委员会仲裁委员会(CIETAC)为提供域名争议解决的服务机构。CNNIC先后组织了两次专家认证会,听取学术、司法、仲裁、商标及企业代表、专家、学者的意见,公布了讨论稿,广泛征求各界意见,于2000年年底公布《中文域名争议解决办法(试行)》,CIETAC也公布了《域名争议解决程序规则(试行)》。

## 一、域名纠纷的类型

域名纠纷多种多样,归纳起来大致有以下三种类型。

(1)域名抢注,指把别人有名或比较有名的商号或商标大量注册为域名,再出价让权利人把这些域名买回去。例如奥运吉祥物"五福娃"揭晓当晚,"五福娃"的.cn和.com域名就已经被抢注,并报价出卖。

(2) 注册使用域名,以假冒、淡化他人注册商标。例如王某为商业目的使用与杭州都快网络传媒有限公司在先注册并享有一定知名度的域名相近似的域名,并且在使用中采用与原告网站相近似的栏目设置和页面布局,故意造成与原告网站的混淆,误导网络用户访问其网站的行为,构成侵权行为。

(3) 由域名引起的权利冲突。这是由于域名的唯一性与同一商标、商号可以存在多个权利人的矛盾引起的。例如,按照我国商标法的规定,一般情况下,只有未经商标注册人的许可,在同一种商品或者类似商品上使用与其注册商标相同或者近似商标的才构成侵权。因此,如果有人注册的域名与众多的同一商标的权利人发生冲突,这种冲突就不仅是域名与商标的冲突,而且是商标注册人相互之间的冲突。

## 二、域名纠纷解决方式

### (一) 当事人自行协商解决争议

协商解决争议,即由争议当事人直接接洽处理有关域名纠纷。由于涉案双方彼此清楚纠纷症结所在,同时又无类似仲裁或诉讼中必须出示有效证据的过高要求,极大地方便了当事人准确充分地阐明自己的观点和立场,因此,这种解决方式在实践中运用极广。

友好协商解决域名争议的方式,比较符合我国长期以来"息讼止争"及"以和为贵"的传统文化,易于被人们所接受。如果能够有效协商处理,无疑是商业上的成功。需要注意的是,往往大多数协商只停留在电话或面谈等口头形式,由于久谈不决而一拖几年,一旦超过诉讼时效,法律的最后保障也将丧失殆尽。因此,建议当事人应当将协商的会议纪要或者取得的阶段性共识,用书面方式固定下来并经由双方签字确认,以确保协商成效。

## （二）CNNIC 授权仲裁机构解决争议

CNNIC 授权中国国际经济贸易仲裁委员会（CIETAC）域名争议解决中心，作为其指定的域名争议解决机构受理其负责管理的 CN/中文域名争议，目的在于以快捷简便、低成本的方式来解决现实中出现的大量域名争议问题。2006 年 3 月 17 日新修订的《中国互联网络信息中心域名争议解决办法》（以下简称《办法》）开始实施，新《办法》围绕注册人权益保障这一核心，对域名争议的解决作了详细规定。此种解决方式呈现出以下特点。

（1）裁决者专业性强。《办法》第 4 条规定："争议解决机构实行专家组负责争议解决的制度。专家组由一名或三名掌握互联网络及相关法律知识，具备较高职业道德，能够独立并中立地对域名争议作出裁决的专家组成。域名争议解决机构通过在线方式公布可供投诉人和被投诉人选择的专家名册。"

（2）裁决快捷高效。《办法》第 18 条规定，"争议解决机构建立专门的互联网络网站，通过在线方式接受有关域名争议的投诉，并发布与域名争议有关的资料"。从提交投诉，到答辩，到专家组作出裁决，均有严格的时间要求。如无特殊情形，专家组应于成立后 14 日内就所涉域名争议作出裁决，并将裁决书提交域名争议解决机构。

（3）裁决易于执行。《办法》第 16 条规定："争议解决机构裁决注销域名或者裁决将域名转移给投诉人的，自裁决公布之日起满 10 日的，域名注册服务机构予以执行。"鉴于 CIETAC 域名争议解决中心与域名管理机构 CNNIC 的授权关系，CIETAC 争议解决中心作出的裁决往往被无条件接纳而直接由该管理机构执行或者推动执行，从而使裁决易于执行。

尽管 CIETAC 域名争议解决中心在处理域名纠纷上具有一定优势，但其局限性也十分明显。

（1）受理的纠纷有限。《办法》第 2 条规定："本办法适用于因互联网络域名的注册或者使用而引发的争议。所争议域名应当限于由中国互联网络信息中心负责管理的 CN 域名和中文域名。"其他的域名，如".ORG"".NET"引发的争议，不在此受理范围内，中心将无权处理。而且，为了稳定注册域名的权利，防止已注册域名因无终期而有可能被注销，修正后的《办法》还特别设定了时间限制，《办法》第 2 条同时规定，"所争议域名注册期限满两年的，域名争议解决机构不予受理"。

（2）败诉方责任方式有限。依据《办法》第 14 条的规定，专家组对败诉方的裁决仅限于"注销已经注册的域名"，或"将注册域名转移给投诉人"，或"驳回投诉"，而不涉及任何损害赔偿方面的问题。

（3）裁决效力非终局性。《办法》第 15 条规定："在依据本办法提出投诉之前，争议解决程序进行中，或者专家组作出裁决后，投诉人或者被投诉人均可以就同一争议向中国互联网络信息中心所在地的中国法院提起诉讼，或者基于协议提请中国仲裁机构仲裁。"

目前国内域名仲裁机构主要有三个：

（1）中国国际经济贸易仲裁委员会域名争议解决中（http://dndrc.cietac.org）；

（2）香港国际仲裁中心（http://www.hkiac.org/content.php）；

（3）亚洲域名争议解决中心（http://www.adndrc.org）。

## （三）司法诉讼解决方式

目前，我国法院审理域名纠纷案件主要适用的法律有《最高人民法院关于审理涉及计算机网络域名民事纠纷案件适用法律若干问题的解释》（以下简称《解释》），此外《北京市高级人民法院关于审理因域名注册、使用而引起的知识产权民事纠纷案件的若干指导意见》也具有较强的指导价值。通过法院的司法程序处理纠纷，对域名保护力度更强，主要体现在以下几个方面：

（1）解决纠纷类别较多。法院受理的域名纠纷指所有涉及计算机网络域名注册、使用行为产生的民事纠纷，包括域名与域名之间，域名与驰名商标、普通注册商标、商号、知名商品特有名称、姓名等权利之间的纠纷案件。其中，涉外域名纠纷也包括在内。

（2）审案法院级别较高。《解释》第 2 条规定，"涉及域名的侵权纠纷案件，由侵权行为地或者被告住所地的中级人民法院管辖"。

（3）败诉方承担责任方式较多。《解释》规定了停止侵权、注销域名、赔偿损失等多种责任方式，威慑力强于前述 CNNIC 处理方式。

（四）其他解决方式

除上述三种主要方式外，还有非 CNNIC 官方授权的纯粹民间仲裁机构仲裁方式处理域名纠纷，以及由双方均信赖的第三方出面调解的方式解决争议。这里的民间仲裁机构可以是全国的仲裁机构也可以是地方仲裁机构。双方应在纠纷发生前或发生后达成仲裁协议方能提交仲裁机构解决纠纷，仲裁裁决对争议双方是终局的，具有法律约束力。而调解则宽松度更大，调解后制作的调解书通常是没有强制力的，允许双方反悔。

# 知识产权海关备案篇

知识产权海关备案是从事进出口经营的企业，就自己需要进出口的知识产权（商标权、专利权、著作权）等货物事先向海关申请备案。海关备案是海关依职权对进出口货物采取主动保护措施的前提条件，有助于及时发现侵权货物，是知识产权产品（货物）受法律保护的手段。电子商务企业办理海关备案后，可对进出口侵权货物的企业产生警告作用，发现侵权货物可请求海关扣留侵权货物进出口，及早防止侵权货物流入市场。

# 第十七章 知识产权海关保护概述

我国大多数企业已经意识到知识产权的重要性并已开始保护知识产权。如商标权，企业可以通过在国内、国外申请注册商标在国内及国外相应国家或地区得到商标权利保护，但这些保护途径和环节并不完全，比较容易遗漏一个重要环节，即进出口贸易环节——海关。

根据《知识产权海关保护条例》的规定，海关对知识产权的保护分为主动保护和被动保护两种模式。

## 一、被动保护

被动保护，即依申请保护，是指由知识产权权利人（主要是商标注册人、专利权人或著作权人）向海关提出申请，海关依照其申请对其知识产权提供保护。其局限在于：只有在知识产权权利人发现侵权嫌疑货物并向海关提出保护申请，海关才会依照申请扣留这一批货物，即"不申请不扣留"。这一保护模式将保护知识产权的责任完全寄托在知识产权权利人身上，权利人不申请，海关既不扣留也不查处，而在实际的经营过程中，知识产权权利人很难随时发现有侵权嫌疑货物在海关准备（进）出口，使得部分侵权货物在知识产权权利人未发现的情况下通过海关（进）出口，使权利人的知识产权未得到有效保护。

## 二、主动保护

　　主动保护，即海关依职权保护，是指海关依据法律赋予的职权，主动采取措施，保护知识产权。其前提是知识产权权利人事先进行了知识产权备案，海关发现涉嫌侵犯备案的知识产权的进出口货物，应当中止放行侵权嫌疑货物，并书面通知权利人。海关根据知识产权权利人的申请扣留侵权嫌疑货物；海关有权对货物的侵权状况进行调查和认定。海关对能够认定侵权的货物，应当予以没收；不能认定的，应当协助人民法院对货物进行司法扣押。因此，主动保护的优点在于：解决了被动保护所存在问题，只要权利人向海关提交了知识产权备案申请并予以核准登记，则海关就可以在进出口环节主动替权利人监控侵权嫌疑货物，一旦发现侵权行为，海关不但可以主动扣留货物，还可以对侵权行为进行调查和认定。这一保护模式帮助权利人大大减轻了维权负担，使得权利人能够及时发现侵权行为，维护自身合法权利。

　　由此可见，知识产权备案是海关主动保护权利人知识产权的前提条件。对于涉及进出口贸易的电子商务类企业来说，了解和掌握海关备案方面的实务操作知识尤为必要。

# 第十八章　知识产权海关备案申请流程及所需材料

电子商务类企业向海关办理报关业务，应向所在地海关申请办理跨境贸易电子商务企业备案。已办理报关注册的企业，需通过申请注册变更的方式向海关申请跨境贸易电子商务企业备案；未办理报关注册的企业，先要申请向海关申请办理报关企业注册登记，登记成功后，再向海关申请备案。

## 一、申请流程

申请人向海关递交材料→海关向申请人出具受理单或不予受理决定书。

## 二、所需材料

（1）《报关企业注册登记许可申请书》；
（2）《报关单位情况登记表》；
（3）企业法人营业执照副本复印件以及组织机构代码证书副本复印件（若提交载有18位统一社会信用代码的企业法人营业执照，可不提交企业组织机构代码证书副本复印件）；
（4）报关服务营业场所所有权证明或者使用权证明；
（5）其他与申请注册登记许可相关的材料。
以上提交复印件的，应当同时向海关交验原件。

# 第十九章 海关审核程序及备案后事宜

## 一、审核时限

所在地海关受理申请后,根据法定条件和程序进行全面审查,直属海关未授权隶属海关办理注册登记许可的,隶属海关应自受理之日起 20 个工作日内审核完毕,提出审核意见,将企业申请材料同审核意见报直属海关审核。

直属海关未授权隶属海关办理注册登记许可的,自收到所在地海关报送的审查意见之日起 20 个工作日内作出决定;直属海关授权隶属海关办理注册登记许可的,隶属海关应当自受理或者收到所在地海关报送的审查意见之日起 20 个工作日内作出决定。

向申请人送达作出准予注册登记许可的书面决定,同时核发《中华人民共和国海关报关单位注册登记证书》。

我国《商标法》《专利法》和《著作权法》中规定的商标申请人、专利权人、著作权人和与著作权有关的权利人有权利向海关申请备案。知识产权的被许可人不能以自己的名义申请知识产权备案,只有接受知识产权权利人的委托,作为其代理人身份以权利人的名义提出备案申请。

## 二、操作流程

知识产权权利人可通过"知识产权海关保护备案系统"办理海关备案，其流程如下。

1. 注册系统用户

目前，知识产权海关备案申请都应通过"知识产权海关保护备案系统"电子提交。备案申请人在提交备案申请前应当先注册为系统用户，注册系统用户应以知识产权权利人的名义注册，填写真实、有效的用户信息提交审核，通过审核授权后，获取户名和密码并妥善保管。

2. 录入备案申请信息

注册用户登录备案保护系统后，按照提示在申请新备案窗口内完整填写申请备案的知识产权和其他相关信息后递交申请。

3. 缴纳备案费

申请人在录入保护系统时及时缴纳每项备案 800 元的备案费，即通过银行将备案费用转入海关总署的备案费专用账户，汇款时备注栏内注明备案保护系统用户账号名称。

4. 提交纸质备案申请资料

申请人将已录入的备案申请信息和数据打印并加盖申请人或代理人印章，连同备案费汇款凭证复印件以及其他所需材料邮递至北京市建国门内大街 6 号海关总署政策法规司知识产权保护处。海关总署自收到申请人提交的申请之日起 30 个工作日内做出核准或者驳回（同时说明理由）申请的决定并通过电子邮件书面通知申请人。申请人可通过"知识产权海关保护备案系统"了解申请过程。

申请人为个人的，提交个人身份证复印件（签章并注明"与原件核对无误"）；申请人为法人的，提交工商营业执照复印件或其他注册登记文件复印件（签章并注明"与原件核对无误"），外文注册证明的应提供中文译本。

（1）商标备案。提交《商标注册证》复印件（签章并注明"与原件核对无误"），发生变更、转让、续展情况的还要提供变更、转让、续展证明的复印件（签章并注明"与原件核对无误"）。

（2）专利权备案。专利证书复印件（注明"与原件核对无误"并签章），申请外观专利要提供外观设计专利公告复印件（签章并注明"与原件核对无误"），实用新型专利要提供实用新型专利检索报告复印件（签章并注明"与原件核对无误"）。上述专利授权自公告之日起已超1年的，必须提交申请前6个月内出具的专利登记簿副本原件。

（3）著作权备案。提交登记机关签发的著作权资源登记证明复印件（签章并注明"与原件核对无误"），著作权登记机关认证的作品照片；未登记著作权：提供著作权作品样品和其他相关证据。

（4）其他共性资料：①货物及其包装的照片或样品；②已知侵权货物进出口的证据；③权利许可使用情况，有许可使用合同的提交合同复印件（签章并注明"与原件核对无误"），没有合同的提供许可名单、内容、期限等情况。

5. 缴费注意事项

申请人应当在向海关总署提交备案申请前预先缴纳备案费，即通过银行将备案费用转入海关总署的备案费专用账户，并在备案申请材料中随附备案费银行转账单的复印件。海关总署不接受申请人通过邮局汇款或以现金、支票等其他形式缴纳费用。对未随附银行转账单复印件的备案申请，海关总署将不予受理。

6. 备案结果

海关总署准予知识产权海关保护备案的，将向申请人出具备案费收据；如果不予备案的，将向申请人退还备案费。

# 三、备案后的注意事项

（1）申请人在备案有效期内申请备案续展或变更的，不需要再缴纳备案费，也不必缴纳续展变更费用。海关备案有效期10年，海关总署准予备案之日起生效，知识产权在备案后不足10年的，以知识产权的有效期为备案的有效期。

申请人在备案有效期届满前6个月，知识产权的有效期内，需及时通过"知识产权海关保护备案系统"提交备案续展申请，无须缴纳备案费，每次续展备案的有效期为10年。

（2）备案的注册商标证书使用商品、知识产权许可或实施、知识产权权利人名称、地址、联系人、电话、备案申请书中其他情况等发生改变时，权利人应自发生改变之日起30个工作日内向海关总署提交变更备案申请。

（3）备案的知识产权发生转让或在备案有效期内不再受法律法规保护的，权利人应自发生改变之日起30个工作日内向海关总署提交注销备案的申请，海关总署也可对上述应予注销的情形，主动予以注销。

## 四、备案后的纠纷处理

海关发现涉嫌侵犯备案的知识产权进出口货物，会中止放行，并以书面形式通知知识产权权利人，知识产权权利人应当在3个工作日内向海关提出要求扣留涉嫌侵权的货物，并向海关提供最高不超过人民币10万元的担保。

海关对货物的侵权状况进行调查和认定，对不能认定货物侵权状况的，海关将通知知识产权权利人向人民法院申请司法扣押。海关对其认定侵权的货物，有权予以没收并对侵权货物的收发货人给予行政处罚。对构成犯罪的将移送公安机关；对没收的侵权货物，海关有权依法进行处置。

# 附 录
# 知识产权诉讼案例

电子商务经营是通过计算机和网络技术进行商务活动的一种商业运营模式，电子商务经营主要依托电商平台进行商务活动。发生知识产权侵权纠纷的主体，通常是在电商平台自身和平台上进行商务活动的商家。

随着电子商务领域的快速发展，为了更好地维护自身利益，防止他人侵犯知识产权和防御竞争对手的恶意攻击，更多的电子商务经营者和平台企业开始在知识产权上加大保护和防御力度。

然而，近年来电子商务领域知识产权纠纷依旧频繁发生，已成为知识产权诉讼的热点和焦点，本书特意从公开渠道选取比较典型的专利、商标、著作权和其他知识产权侵权案例进行介绍，希望对广大电商企业有所启发。

# 附录一　商标诉讼案例

商标是企业在商务活动中本企业商品和服务中使用的专有标识，用于区分他人，对于企业在树立自身品牌和宣传中具有重要意义。商标侵权的主要表现是恶意抢注、侵犯商标专有权、仿冒驰名商标。

广州市格风服饰有限公司（以下简称格风服饰）注册了商标"歌莉娅"，在全国设立多家专卖店，且在电商平台设立了品牌旗舰店。

2013年，格风服饰收到来自淘宝网和京东商城的信息，指有商户涉嫌假冒"歌莉娅"商标销售女鞋。

杭州娅品贸易有限公司（以下简称娅品贸易）为"歌莉娅女鞋旗舰店"和"歌莉娅鞋业旗舰店"的所有者，娅品贸易在网店上销售有"歌莉娅"标识的女鞋，店内使用了"歌莉娅"商标图样及宣传语"环球发现，分享美丽"与格风服饰"环球发现，活出美丽"极其相似，娅品贸易属于恶意侵权，导致消费者在购买时误认和混淆。

格风服饰对娅品贸易进行了全面地侵权证据收集和公证，侵权网页、广告、销售数据等收集，并积极提供自己作为"歌莉娅"品牌的所有者在市场上的知名度提供广告宣传、实体店、网络销售旗舰店的相关证据。

经过维权起诉，广东省高级人民法院最终裁定娅品贸易在电商平台恶意侵犯格风服饰对"歌莉娅"商标权的专有权，判令娅品贸易立即停止侵权行为、销毁侵权产品，赔偿格风服饰经济损失200万元。

# 附录二　专利诉讼案例

在电商平台上销售的货品，应当注意不要侵犯他人的专利权，包括发明专利权、实用新型专利权和外观设计专利权。同时，也要尽可能地防止他人侵犯自己的专利权。

威海嘉易烤生活家电有限公司（以下简称嘉易烤公司）2009年1月16日申请了"红外线加热烹调装置"的发明专利，该专利于2014年11月5日获得授权。

永康市金仕德工贸有限公司（以下简称金仕德公司）在天猫网销售烧烤炉。嘉易烤公司以金仕德公司在该发明专利的有效期内销售的烧烤炉侵犯了其专利权，浙江天猫网络有限公司（以下简称天猫公司）在其发送侵权投诉后未采取有效措施，应当一并承担侵权责任。

浙江省金华市中级人民法院受理审查后，判定金仕德公司在天猫网上所销售烧烤炉侵犯了嘉易烤公司的"红外线加热烹调装置"专利权。天猫公司在接到嘉易烤公司提供投诉材料后，未采取合理措施，防止侵权损害扩大。基于此，天猫公司应对损害扩大部分与金仕德公司承担连带责任，故判决金仕德公司立即停止销售侵权产品，赔偿嘉易烤公司经济损失15万元，天猫公司对其中5万元承担连带赔偿责任。

天猫公司提起上诉，浙江省高级人民法院审理认为，嘉易烤公司的投诉符合侵权责任法规定的"通知"的基本要件，属于有效通知。天猫公司接到投诉后未及时采取必要措施，一审判决就损失的扩大部分天猫公司承担连带责任并无不当，维持一审判决结果。

# 附录三 著作权诉讼案例

互联网已成为公众获取信息的重要途径,通过信息网络传播权利人作品的情况越来越普遍。为保护权利人的信息网络传播权,鼓励作品的创作和规范网络传播行为,我国《著作权法》在2001年修订时新增了"信息网络传播权",2006年7月1日,颁布实施了《信息网络传播权保护条例》。这一权利的规定,迎接了网络技术发展给著作权法律关系带来的冲击与挑战,弥补了原《著作权法》缺乏专门调整网络著作权法律关系的空白。

经济参考报社对《畸形消费产业之颏》等4篇作品享有著作权。阿里巴巴公司未经著作权人许可,在其主办的中国雅虎网上转载了该作品,其行为属于侵犯了经济参考报社的信息网络传播权。

该作品并非《著作权法》第5条规定的不适用著作权法保护的作品类型,被告阿里巴巴公司未经许可在其经营的雅虎网上使用涉案作品的行为,侵犯了原告经济参考报社就涉案作品所享有的信息网络传播权。

2014年8月,北京市朝阳区人民法院作出一审宣判,认为阿里巴巴公司侵犯信息网络传播权事实成立,判决赔偿经济参考报相应经济损失5 000元。

双方均未上诉。

# 附录四　其他诉讼案例

爱奇艺诉极科极客不正当竞争纠纷案中被控不正当竞争行为在反不正当竞争法分则中无对应具体条款，又确属违反诚实信用原则和公认的商业道德。

极科极客公司是"极路由"路由器的生产者和销售者。使用"极路由"用户可以在"极路由"云平台下载"屏蔽视频广告"插件，再通过"极路由"路由器上网，屏蔽爱奇艺视频广告。

"极路由"路由器的使用，损害了视频网站广告投放的播放量，使爱奇艺视频网站和投放广告的客户利益受到损害，破坏了视频网站的正常商业秩序，为不正当竞争。

法院审理认为，极科极客公司通过"极路由"路由器屏蔽视频广告，并以此获取商业利益，利用该插件直接干预爱奇艺公司经营行为，违反了自愿、平等、公平的原则，违背公认的商业道德，损害了爱奇艺视频平台的合法权益，构成不正当竞争。最终判决该公司停止不正当竞争，赔偿经济损失40万元。

极科极客公司不服一审判决，提起上诉。二审法院判决驳回上诉，维持原判。

# 后　　记

经过精心的组织策划、认真讨论和分工协作，《电子商务类企业知识产权保护手册》一书终于得以完成并出版，我们表示由衷的高兴。

在本书编著过程中，我们得到了陕西省咸阳市知识产权局的大力支持，为本书提供了资金帮助，成胤、王军两位局长亲自参与编写，并积极组织电子商务类企业调研，了解电商企业需求，组织专家召开研讨会，为本书的编写工作付出了心血；北京杨丽萍咨询有限责任公司的伍艳梅、李清、李娅等人提供了大量的素材和案例；成奕萱、彭莉、西北政法大学党雯丽同学等为本书尽心尽力、献计献策；在企业知识产权管理方面拥有十余年工作经验的知识产权经理人周大成先生在本书的编辑工作中做了大量的工作；尤其是知识产权出版社刘睿女士，在本书的策划、编辑和出版过程中付出了辛勤的劳动，在此，我向所有参与和关心本书出版的单位、个人表示衷心的感谢。

本书是我们在电子商务类企业知识产权问题上的初次尝试，由于水平所限，时间紧张，难免会出现错误，欢迎广大读者批评指正。

2019 年 4 月 1 日